直播
就该这么玩

冯安然◎著

中华工商联合出版社

图书在版编目（CIP）数据

直播就该这么玩 / 冯安然著. —北京：中华工商联合出版社，2020.1

ISBN 978-7-5158-2716-2

Ⅰ.①直… Ⅱ.①冯… Ⅲ.①网络营销 Ⅳ.①F713.365.2

中国版本图书馆CIP数据核字（2020）第 016179 号

直播就该这么玩

作　　者：	冯安然
责任编辑：	胡小英
封面设计：	国风设计
责任审读：	李　征
责任印制：	迈致红
出版发行：	中华工商联合出版社有限责任公司
印　　刷：	三河市宏盛印务有限公司
版　　次：	2021 年 7 月第 1 版
印　　次：	2021 年 7 月第 1 次印刷
开　　本：	710mm×1020mm　1/16
字　　数：	170 千字
印　　张：	12.5
书　　号：	ISBN 978-7-5158-2716-2
定　　价：	48.00 元

服务热线：010—58301130—0（前台）

销售热线：010—58302977（网店部）
　　　　　010—58302166（门店部）
　　　　　010—58302837（馆配部、新媒体部）
　　　　　010—58302813（团购部）

地址邮编：北京市西城区西环广场 A 座
　　　　　19—20 层，100044

http://www.chgslcbs.cn

投稿热线：010—58302907（总编部）

投稿邮箱：1621239583@qq.com

工商联版图书

版权所有　侵权必究

凡本社图书出现印装质量问题，请与印务部联系

联系电话：010—58302915

| 序 |

2019年，直播行业经过几年时间的发展，已经变得非常火爆，一些主播也从直播平台当中"出圈"，到电商平台和电视节目上发展。2020年，直播带货火遍全网，不仅主播们在做直播，影视明星、知名企业家、电视台主持人都开始直播带货，连央视也参与进来。2021年，直播热度依旧不减……

从直播强势进入大众的视线，到一个个直播平台如雨后春笋般冒出，直播行业发展速度之快，让人感到不可思议。打开手机APP下载界面，搜索直播平台：斗鱼、虎牙、映客、花椒、一直播、全民……光是直播平台的APP就占据几页的页面，看得人眼花缭乱。

不仅普通人做直播，很多公司、企业也都加入到直播行列当中。阿里巴巴、小米等看起来和直播不沾边的公司，也向直播界进军，而且还取得了不错的成果。

直播让每个人都有机会成为网红主播，有凭着令人惊艳的颜值爆红的网红女主播；有游戏技术优秀，拥有万千粉丝的电竞主播；有凭着幽默搞笑的气质集万千宠爱于一身的娱乐型主播。

直播让每一个商家都有机会打造自己的爆款商品。有的商家通过直播卖产品，一下子就卖到脱销；有的商家通过直播积累人气，让自己的店铺变成网红店铺；有的商家请明星做直播，扩大了品牌影响力。

全民直播的大时代拉开了序幕，网红造星运动经久不衰。直播的这把"火"继续熊熊燃烧，跨越行业的界限，震动了各行各业。直播开启了"直播+"模式，几乎可以说是"+"什么火什么。

直播+明星，让明星收获了更多的粉丝，同时明星们也给直播平台创造了巨大的价值。周杰伦、Angelababy、林俊杰、刘诗诗、刘亦菲、古力娜扎、刘涛……各路明星都开始玩直播，让直播平台一时间星光璀璨。

直播+知名企业家，让企业家们有了更多展现自己和宣传品牌的机会，同时也让直播平台的知名度更大。王健林、雷军、周鸿祎、张朝阳……各界的知名企业家直播一个比一个玩得好。有这些企业家的捧场，直播顿时成为人们眼中"高端大气上档次"的平台了。

"直播+企业""直播+营销""直播+慈善""直播+旅游""直播+体育"……直播好像什么都可以加。而且，一旦被直播给"+"上，就会开启飞速发展的模式，无论是业绩还是人气，都像坐了火箭一样，"嗖嗖"往上涨。

没有什么营销是一次直播解决不了的，如果有，那就两次！直播是一个全新的风口，并且是一个持续有风的风口。不懂直播，你就真的落后于时代了。所以，赶紧学学直播怎么玩吧！

| 目　录 |

序 // 001

第一章　直播这么火，你要懂一点

　　直播的前世今生 // 002

　　独特的优势让直播备受青睐 // 006

　　明星们都来玩直播 // 008

　　知名企业家秀直播 // 012

　　盘点直播界的"大事件" // 017

　　直播拥有看得见的美好未来 // 020

第二章　直播界的"一哥一姐"们

　　"人气主播"二姐Alice // 024

　　"电竞女神"Miss // 028

　　"电竞女王"小苍 // 031

　　"口红一哥"李佳琦 // 035

第三章 直播+IP：网红经济时代，如何打造你的超级IP

网红经济为什么火 // 040

网红的变现模式 // 043

直播IP化，直播的又一个模式 // 046

直播+IP，这个风口要如何赶上 // 049

主播该如何打造个人IP // 051

用工匠之心去打造直播IP // 053

打造一个可持续发展的直播IP生态系统 // 056

第四章 直播平台那么多，如何选择直播平台

记录世界，记录你——快手直播 // 060

每个人的直播平台——斗鱼 // 063

中国领先的互动直播平台——虎牙直播 // 066

社交直播媒体平台——一直播 // 071

高颜值的直播平台——花椒直播 // 075

第五章 靠实力秒变人气主播

选择合适的平台 // 080

背靠公会好乘凉 // 084

高颜值助力直播 // 088

穿衣打扮很重要 // 091

得粉丝者得天下 // 095

在线时间要长 // 098

第六章　直播应遵循内容为王

直播之前先确定自己的内容方向 // 102

网友的偏好是直播内容的航标 // 104

怎样做趣味性强的直播内容 // 106

能和网友互动的内容才是好内容 // 108

能转化为销售力的内容才是最具价值的内容 // 111

精心打造好内容"生产线" // 114

第七章　直播的禁忌

再气不能怼粉丝 // 118

不能无尺度无下限 // 122

不要和其他主播互怼 // 125

不要聊容易起纷争的敏感话题 // 127

不要私下和粉丝见面 // 131

第八章　打造多种形式的直播

发布会直播：让每个粉丝都如临现场 // 134

学术直播：网络能到达的地方就有课堂 // 137

户外野外直播：足不出户欣赏野外风光 // 140

旅游直播：随镜头踏遍千山万水 // 142

体育直播：一边看比赛一边互动 // 144

第九章　直播营销：让宣传和营销更方便、更有力度

现场展示，毫无死角 // 148

为一件商品量身打造一场直播 // 150

通过对比，凸显商品质量 // 153

边教技能边卖产品 // 156

发放优惠券，激发观众热情 // 159

只打赏还不够，下单才是重点 // 162

第十章　直播运营：让你的直播广为人知

掌握六大技巧，让微博成为你的运营利器 // 166

微信公众号的能量不容小觑 // 168

寻求合作，1+1>2 // 171

不要忽略优质软文对观众的吸引作用 // 174

吸引观众之后，要让吸引更长久 // 176

第十一章　会直播更要会变现

直播和电商的结合 // 180

粉丝经济的引流 // 184

让自己的价值尽可能多地变现 // 186

利用粉丝经济创业 // 188

和粉丝关系越好，变现能力越强 // 190

第一章 01 直播这么火,**你要懂一点**

直播从2017年到2019年持续火热,2020年更是开启了全民直播带货的热潮,至今仍然热度不减。如果你经常看直播,你一定已经从直播中获得了很多乐趣,也明白这正是它持续火爆的原因。但是,直播的前世今生是怎样的,直播有哪些优势,一般人并不知道。

直播的前世今生

2020年是直播大火的一年,众多明星纷纷玩起直播,使得直播迅速被大众所熟知。2020年,直播带货风靡全网,除了主播们之外,很多影视明星、知名企业家和电台主持人也加入直播带货行列,仿佛全世界都在玩直播,如果不玩直播就是跟不上时代。

直播受到全民关注,资本也纷纷涌入这个领域,直播平台越来越多。但是,直播是什么时候出现的呢?它不可能刚出现就大火,它一定有一个发展的过程。

实际上直播在多年前就已经存在了,只不过比较小众,仅有小部分人关注,就比如YY直播唱歌。

YY直播是在2008年创立的,它是中国网络视频直播行业的奠基者之一。也就是说,暂且不论其他直播如平台9158、六间房之类,单从YY来看,在2008年,它就已经开始做直播了。所以,当很多人觉得直播是件新鲜事儿时,其实它已经存在了近10年之久了。

2008年是直播刚开始发展的一年,关注的人还不多,主要以美女主播来吸引用户。美女主播在聊天室和用户聊天互动、唱歌等,并获得用户的支持与打赏。

2011年，美国的Twitch（实时流媒体视频平台）开始做游戏直播，一出现就赢得了广大游戏迷们的喜爱，使得Twitch的用户数量不断飙升，让直播行业被更多的人所熟知。

2013年，这是直播蓬勃发展的一年。在这一年，游戏《英雄联盟》已经大火，在拯救了无数网吧的同时，它也给游戏直播行业带来了新的发展。在《英雄联盟》的带动下，众多游戏直播内容和游戏直播平台开始如雨后春笋般冒了出来，游戏主播也以百万、千万的高薪资，不断吸引着人们跳入这个行业。

2014年至2015年，直播行业继续蓬勃发展，除了老牌的YY直播以及YY旗下的虎牙直播外，斗鱼、熊猫TV、龙珠直播、映客、花椒直播、全民直播等一系列直播平台纷纷冒了出来。直播所包含的内容也越来越广泛，从吃东西到秀技能，从玩游戏到讲故事……几乎无所不包。

2016年，直播行业成了风口上的行业。网红们上新闻、上媒体、上电台，众多明星助力宣传，所有人的目光都集中到直播上来，直播仿佛在一夜之间就火遍了大江南北。就直播行业的各类直播情况看，传统秀场依旧受到很多人关注；游戏直播的热度也是不减当年；泛娱乐受到更多人的喜爱，是新晋的宠儿。

2017年至2019年，直播行业继续蓬勃发展。同时，国家对于直播行业的各种规范也相继出台，直播行业变得比以前更加正规，网络主播们也开始像传统的媒体人一样，开始接受更加严格的要求。

2020年是特殊的一年，在这一年，直播以势不可挡的趋势迅速火遍全国。不仅网络主播在直播带货，知名企业家、影视明星、电视台的主持人都加入直播带货的行列中来，真正的全民直播时代开启了。

2021年，直播行业持续着它的发展势头，不断向世人展现它的独特魅力。

整体分析一下直播行业，就会发现，直播一直在不断进化，到目前为止已经历了四个阶段：

1. 直播1.0时代

这个时代的直播主要是PC秀场直播。

2. 直播2.0时代

这个时代的直播除了传统秀场之外，还增加了游戏直播，其中以《英雄联盟》《DOTA》等游戏的直播为主。

3. 直播3.0时代

这个时代增加了泛娱乐直播，移动直播成为一股势不可挡的潮流。在这个直播时代，直播内容已经全面向生活延伸。

4. 直播4.0时代

随着VR技术的发展，全方位360度无死角的VR直播正悄然兴起，并且有可能发展成为今后的主流，直播正在逐渐进入4.0时代。

到处都能看到有关直播的话题。那么人人都在谈论的直播，它的具体现状究竟如何呢？

《中国互联网发展报告2020》显示，中国网民已达13.19亿，电子商务年交易规模为34.81万亿元，网络支付交易额足有249.88万亿元，中国数字经济规模稳居世界第二。

从当前市场态势看，直播已经成为大众化的娱乐方式，人们闲时看直播已成习惯。随着智能手机的摄像功能越来越强大，主播们甚至随时随地都能进行直播，简直方便到让人无可挑剔。明星们的争相加入，使得直播变成一种"高大上"的娱乐方式，吸引了更多人的关注。直播平台造就了平民明星，娱乐圈的明星也借助直播平台变得更有人气，直播成了老少皆宜的强大存在。

直播行业的火爆，自然吸引了大量的资本。在资本的支持下，直播平台互相拼斗，纷纷开启了"烧钱大战"。但是，真正能够在最终胜出的，一定是以内容为重的平台，那些只做表面功夫、只讲包装华丽、刷人气的平台，终究会被淘汰。

独特的优势让直播备受青睐

几乎每一种事物都会有它的独特性,这些特性往往就是它的优势。直播能够大火,与直播的特性有很大的关系。相对于其他娱乐活动,直播的优势主要有三个:移动化、社区化、平台化。

一、移动化

随着智能手机的广泛普及,我国网民的数量在迅速增加,而且势头有增无减。截至2020年6月,网络直播用户规模达5.62亿。直播的体量之所以能够如此迅速地增长,移动化的作用功不可没。

移动化让主播能随时随地开始直播,只要手机在手,就可以实现。观众看直播也是如此,只要有手机,就可以随时随地观看直播。移动化所带来的这种便捷,是很多其他内容无法比拟的。

YY是在直播行业中做得比较早的直播平台,一开始YY做的是PC直播,而且做得很不错,名气也很大。但是,随着4G网络成为网络的主流,很多人都有一部智能手机,直播开始转向移动化。于是,YY便也走上了向移动化转变的道路。

YY虽然拥有很大的用户量,但也不敢对移动直播的优势有丝毫怠慢,很快就开始改变自身的形象，带给人新的体验，并将名字更改为YY LIVE。

YY娱乐总经理表示："其实直播和当初的弹幕有些相似，都是强调交互。一部网剧因为弹幕所激发的槽点和兴趣点，受关注度可以放大近十倍，视频直播也同样以交互带动内容，激发出巨大的用户红利。"

移动化的直播，让主播可以用手机随时随地直播真实的内容，所以交互性比以前的PC直播更强。正因如此，移动化才让直播变得更具优势。

二、社区化

除了移动化之外，直播还有一个非常吸引人的特性，就是社区化。不同于现实中的社区化，它不受地域的限制，而是以兴趣为标准建立起来的。无论是粉丝经济还是网络的社交，都是建立在共同兴趣的基础之上。一些兴趣爱好相同的人凑到一起，当然就有聊不完的话题，并创造出无限的欢笑。

社区化是直播的一种独特优势，与其他的节目相比，它能够更快地将那些有共同兴趣的人聚集起来，产生经济效益。

三、平台化

一个直播平台，拥有很多主播，也就拥有了众多的直播节目。这些直播节目有各种各样的类型，能够满足不同观众的需求。平台的规模越大，产生的整体规模优势也就越大。

平台将主播们聚集到一起，形成规模优势，而且还会搞各种活动，来吸引观众的注意。平台化是直播的重要特性，也是直播能够长久发展下去的原因之一。

明星们都来玩直播

直播行业如此火爆,有明星大腕也加入直播行业,变身为主播。

一、佟丽娅直播带货

佟丽娅参演过很多电视剧和电影,也参加过一些演出活动,是一位知名度很高的女明星。以前,佟丽娅并没有做过太多直播,但是在2020年,她也开始跟随时代的潮流,做直播带货了。

2020年8月11日晚上7点,佟丽娅在人民日报抖音直播间开始了直播带货。这次直播带货的主题是"人民的美好生活"。直播间有各种各样的特产,可以满足观众的各种需求,其中有公益扶贫产品,包括和田大枣、通渭飞天粉丝、雅博社山核桃,还有华为P40、TCL雷鸟电视、美的对开门电冰箱、小天鹅10公斤滚筒洗衣机、戴森吹风机、苏泊尔火红点三件套、荣事达破壁机等,另外,还有化妆品、沐浴露、白酒等。

在这次直播带货当中,佟丽娅作为"好物推荐官",表现得可圈可点。她不但将各种产品的特点完美呈现给观众,还在和观众互动时"包袱"不断,将直播的气氛维持得非常好。她讲话时的"播音腔"让人听着很舒服,也听得很清楚。她的讲解也很专业,看出来她在直播前做了一番功课,对产品的特点很了解。

佟丽娅的这场直播带货，观看人数多达4000万，在抖音当日的热门直播间当中排名第一，而且全场的成交量也很高，成交额达5000万元以上。

直播带货在2020年可以说是火得"一塌糊涂"，众多明星也都加入直播带货的"大军"中来。由于直播和拍影视剧都需要面对镜头，所以演员做直播有着天然的优势。佟丽娅虽然以前对直播并没有那么关注，但她开始做直播时表现得像是一个经常直播的人一样，非常成熟老到。

佟丽娅参加人民日报的抖音直播带货，为电商扶贫尽自己的一份力，传播了正能量，也赢得了观众的认可。直播间借助她的名气，吸引来更多的观众，而她也借助直播，被更多的观众认识。

二、刘涛在映客、YY直播

演员刘涛复出之后，参加了综艺节目《花儿与少年》，参演了收视率极高的《琅琊榜》《欢乐颂》等电视剧，又在《跨界歌王》收获了不少掌声，人气越来越旺。

为了宣传电视剧《欢乐颂》，刘涛在电视剧《欢乐颂》发布会的后台，用映客进行了她人生中第一次直播。

在短短2小时的直播时间里，同时在线人数达17万，收看总人数高达71万，刘涛不断收到网友们送的礼物。在直播刚开始时，因为观看人数太多，直播平台甚至一度瘫痪。

刘涛在直播时告诉大家，她其实平时就常在直播平台上看网友们唱歌和聊天，并且表示她特别爱玩直播，只不过平时一直都没表现出来。她和网友们讲自己在补牙时发生的糗事，并将穿搭经验和化妆经验传授给大家，还科普了一下用吸管喝水的好处。

因为当时正是《欢乐颂》的发布会，演员王凯、蒋欣、王子文等都在刘涛的直播中露面了，顿时点燃了网友们更大的热情。刘涛全程直播了发布会，并利用直播镜头，给了网友们近距离和明星接触的机会，让网友们激动不已。

经过第一次直播之后，刘涛似乎对直播产生了好感，而后又进行过多次直播活动。

2020年5月14日，刘涛以"刘涛刘一刀"的昵称在淘宝开始了直播带货。从晚上8点开始，直播持续了4个小时之久，一直到晚上12点，可以说是十分敬业。

在淘宝直播带货之前，为了把这次直播做好，刘涛准备了很久。在直播开始以后，刘涛以风趣幽默的语言，让整个直播间充满了轻松的气氛，观众看得心情愉悦，直播带货的效果也非常好。

虽然平日里刘涛在电视上给大家呈现出来的是雷厉风行的"女强人"形象，但是在直播间，观众发现她不但平易近人，而且有些可爱。在直播时，她和观众互动得特别好，没有一点大牌明星的架子。一般主播在直播时都会精心打扮，化比较浓的妆。刘涛却只是简单化了一下妆，穿着T恤衫，整体看起来很贴近我们平时的生活状态。由于直播间很热，刘涛的汗也一直出个不停，她开玩笑地对大家说："下次干脆穿泳衣直播了，实在是太热了。"在直播期间，演员刘敏涛来到她的直播间助兴，两个人还一起在直播间给大家跳了一段舞，气氛特别轻松。

不仅直播间的气氛很好，刘涛对于产品的熟悉程度，也让观众感到惊讶。对于每一件要卖的产品，刘涛几乎都能够把它们的卖点随口说出来，如数家珍。她身边的助理只是给她简单帮助一下，整个直播间就是她的主场。很多观众觉得，她直播之前的"功课"确实做得非常棒，比一些在直播时只是露脸却对产品不太熟悉的明星好很多。

刘涛直播带货的效果特别好，只用了3个小时的时间，就卖出了1.48亿元的货物。整场直播的观看人次突破2000万，场面非常火爆。

在2020年，明星直播带货已经成为一种非常强劲的潮流，很多明星都开始参与到直播带货活动当中，不仅淘宝直播带货异常火爆，其他直播平台也是如此。

有了众多明星的加盟助阵，直播带货迅速火遍全国，引来了更多人的关注。

知名企业家秀直播

直播不仅仅是网红和明星们的事，在直播火遍大江南北的时候，各路知名人士也纷纷玩起了直播，让直播的档次更上一层楼。

一、雷军直播

小米的创始人雷军一直走在潮流的前沿。直播火了以后，雷军也是玩直播玩得乐此不疲。

在小米公司的年会上，雷军开启了他的直播模式，用小米手机直播，和网友们面对面地交流互动。

雷军的这次直播，有8万多人观看，收获了21万多星票，创下了小米直播平台的新高。但实际上这次直播并不在计划之内，是雷军临时兴起，想要和网友们互动一下，因此这次的直播虽然没有提前做任何宣传，但从观看人数和互动情况来看，这次直播也是非常成功的。

雷军的直播非常轻松，他和网友们互动谈笑风生，连Facebook创始人扎克伯格都看得入了迷。扎克伯格夸赞说："我一下子就被直播迷住了。"的确，直播中的雷军和普通人没什么两样，看不到任何的名人包袱，表现真实而自然。

虽然观看人数只有8万，远不及那些拥有几百万观众的网红，但是这8万人是真实的，没有水分，其营销力已经超出了所有的文字宣传，不容小觑。

对于网络直播，雷军有清醒的认识，他这样说：

"直播已经是在'90后'年轻人中最火的一种互动模式，它真实、直接、互动性强，比论坛和IM软件的及时性更强。我相信不但是'90后'喜欢它，就算是'80后'、'70后'，甚至是'60后'，只要多玩几次，我相信大家都会喜欢上这个平台。"

自从开始玩直播，雷军就一发不可收，在这条路上越走越远。网友们也一起见证了数百万人抱着手机一起看雷军"耍猴"的时刻。当然，随着小米的产能不断增加，"饥饿营销"早已成为过去式，"耍猴"已经由讽刺转变为粉丝们对雷军的一种调侃，雷军也义正词严地表示："我们不耍猴！"

雷军有一次在直播上针对小米5S及小米5S Plus的一些技术问题与设计中的一些问题进行了详细讲解。在讲解的过程中，他时不时和网友进行互动。

当谈到外界认为便宜就是不高端的问题时，雷军表示："有人说小米卖得便宜就是不高端，我很不明白。小米的定价策略就是基于成本，目的是让更多人享受到科技的乐趣。我们会一直坚持下去，并且坚持得够久，就一定会赢得更多人的喜爱。"

有人吐槽小米手机的后置指纹识别，雷军认为这种设计让用户使用更方便，和前置指纹识别没有优劣之分。

有人说小米的MIUI系统广告多，雷军则表示希望大家看到小广告就举报，小米也在不断进行优化，并说："我们已经砍掉了好几个亿的MIUI广告合作。"

让人感到意外的是，在这次直播中，一向温文尔雅的雷军居然也忍不住发了脾气。有人说他用了1个多月小米5S，感觉发热严重。雷总立即揭穿他："胡说！小米5S才发布了10多天，怎么会用了1个多月？一看就是友商派来的水军。"

二、董明珠直播

在2020年，受到新冠疫情影响，很多人都被困在了家里。这种情况使得实体店受到了很大冲击，而直播带货则给了商家新的销售契机。正因如此，很多企业家们也纷纷加入直播带货的行列，为自己的企业打开线上销售的渠道。

董明珠以前并没有在直播方面投入太多的精力，但在2020年却一反常态，对直播带货产生了兴趣。她不但亲自上阵直播带货，而且在直播之前准备很充分，直播时也表现得特别好。通过直播，她不但卖出了很多产品，而且为格力做了一波非常有力度的宣传，让整个格力品牌更加深入人心。

2020年4月，董明珠在抖音开始了自己的直播带货首秀。由于网络原因，直播画面有些卡顿，直播带货的效果不尽如人意。不过，这并没有浇灭她直播带货的热情。表面上看，她带货的销售量没有多高，但是她作为格力集团的董事长，对于格力的产品十分熟悉，性能、特点介绍起来如数家珍，给观众详细而全面地展示了格力的产品，让观众更深入地了解格力这个品牌，为以后格力产品的线上销售打下了基础。

2020年5月，董明珠在快手开始了她的第二场直播带货。这一次，她直接在直播间放出了千万补贴，一下子引爆了观众的购买热情。开播仅仅半小时，销售额就突破了1亿元大关，不到两个小时，销售额又突破了2亿元。整场直播下来，3小时成交额高达3.1亿元，离2019年全年格力官方渠道线上总销售额3.5亿元只差一步之遥。只是一场直播，销量就直逼线下渠道一年的销量，令人难以置信,却又无比真实。

从第一场直播时销售额只有几十万元,到第二场直播时销售额3.1亿元,人们惊诧于董明珠直播带货爆炸式的销量增长。其实,这正是直播带货的魅力所在,它的能量总是能超乎我们的想象,创造出很多意料之外的"销售奇迹"。

董明珠在第一场直播时,虽然没有创下高销售额,却向人们充分展示了格力这个品牌,这算是一种很好的铺垫。等到第二次直播时,人们对格力的产品本身已经有了一定的认识,所以直播带货的效果变得非常好。当然,董明珠本人的影响力也非同凡响,这也使得她的直播受到很多观众的喜爱。

三、周鸿祎直播

《鲁豫有约》节目经常采访一些名人,在直播兴起之后,该节目有时会以直播的形式对名人做一些采访。

周鸿祎作为360公司创始人,很多人都不陌生,有些人还喜欢亲切地称他为"红衣大叔"。《鲁豫有约》曾对周鸿祎进行过一次全方位的直播,直播时间非常长,从上午11点一直持续到下午4点。

在长达5小时的直播中,鲁豫用镜头带领网友们对周鸿祎的办公室、音响室、射击室进行了参观。周鸿祎向网友们展示了他那堪称顶级的豪华家庭电影院,还和鲁豫一起观看了电影。

这次直播是在花椒直播进行的,直播效果特别好。开播仅仅5分钟时间,就已经有6万人进入了直播间,半个小时之后,人数直冲百万。最后,直播观看人数达到200多万。在周鸿祎和网友们互动并展示其私宅时,网友们的热情达到了最高点,人数一度飙升到300多万。

因为这次直播是在室内进行,网络信号非常好,观众的观看体验感非常好。而且,周鸿祎不愧是互联网企业的名人,和网友们互动时应对自如。网友们问他为什么要多读书时，周鸿祎用网上流行的话回答："人丑就要多读书。"网友们顿时表示服气；当有网友表示他的坐姿不好时，周鸿祎调侃说："这是北京瘫。"网友们更服气了。不仅和网友们互动得非常好，周鸿祎还学网红主播们，向网友们喊话要礼物，使得网友们大呼"真会玩"。

虽然在直播过程中有一些尴尬的情况发生，比如射箭时射脱靶、被玻璃门挡住等，但整个直播的过程非常欢乐，也有足够的内容，并不是只有噱头，让网友们看得非常过瘾。

通过直播，周鸿祎展现了他非常接地气的普通人的一面，受到了众多网友的喜爱，同时也给花椒直播做了非常好的宣传。

盘点直播界的"大事件"

直播从开始出现发展到现在,已经过去了十几年。在这十几年里,直播界发生了一些大事件,让其格局发生了改变。

直播在刚开始时都是秀场直播,是比较传统的内容,与后来的泛娱乐直播不一样。

新东方在做培训时,已经在行业内比较有优势了,之后它开始往直播的方向转型。于是,新东方直播课堂上线了。

线上直播课堂让教育不再受到线下条件的制约,让所有想听课的人都能够听到课。远程教育让原本就已经受到人们关注的新东方,借着直播再次被人们挂在嘴边,成为人们谈论的对象。

新东方其实早在2000年就开始做在线教育了,它和联想一起做了网站,也就是新东方在线的前身。因此,新东方算得上是做直播最早的一批。

之后,直播就迎来了很多改变,其中有一些可以称之为"大事件"的改变。

一、直播变为泛娱乐模式

在传统的直播模式当中,观众没有那么多,观众的需求也不是特别广泛。

随着观看直播的人越来越多，观众的兴趣和要求也就越来越广泛。因此，传统的直播已经不能满足观众的需求了，直播逐渐向泛娱乐模式发展。

这可以称得上是直播界的"大事件"。有了泛娱乐模式直播之后，直播的内容大大扩展，直播给观众所带来的趣味性也大大增加，直播的外延几乎可以和生活的外延画上等号了。

泛娱乐以IP为核心，它是以相应的技术手段，在移动互联网上，让多领域能够进行跨界连接的一种方式。IP会对观众产生非常强的吸引力，一个IP可以是一个主播，还可以是一个节目、一部电影、一本书、一首歌等。利用IP与观众相连接，然后将各个领域的壁垒打破，最终连接一切。

泛娱乐概念的出现给直播行业带来了天翻地覆的变化。围绕着各种IP，音乐、影视、文学、游戏等各种娱乐形式纷纷出现，形成了一个个产业链。实际上，泛娱乐模式不仅波及直播行业，甚至对整个文化产业都产生了深远的影响。

泛娱乐能够产生如此巨大的影响，和移动互联网的发展脱不开干系。移动互联网越来越发达，每个人都可以用自己手中的智能手机和网络连接，于是主播和观众之间的距离变得更近了。以前的主播是坐在电脑前的，而现在的主播可以拿着手机随处直播，让人觉得更加亲切，就像是在看身边的一个朋友。

泛娱乐模式让直播变得非常火爆，让直播被更多的人知道，也走进了观众的日常生活当中，成为人们茶余饭后的消遣以及和朋友之间的谈资。

二、垂直领域直播

直播的另一个"大事件"是垂直领域直播的出现。

当直播行业发展得如火如荼，游戏直播也飞速发展时，垂直领域的直播还没有被人们充分挖掘。在垂直领域，直播还是一块"荒地"，等待着被开发。

当垂直领域直播被人们重视起来，直播行业的发展就更加深入了。

垂直领域，就是在一个点上进行深挖，吸引有相应兴趣爱好的观众。以前直播平台做大，是往更加全面的方向发展，垂直领域直播让直播平台开始重视细分和深入挖掘直播的价值。

垂直领域直播和泛娱乐直播的区别在于，它的核心就是它的内容，它的卖点也是它的内容。每一个垂直的领域都拥有自己鲜明的特点，能够吸引到自己的粉丝。

因为垂直领域的内容往往是非常独特的，所以也有一定程度的专业化特性，而它所吸引的观众也都是有类似特点和属性的观众。因此，在把握观众的喜好时，更为容易。

垂直领域的直播让直播更有深度，也让直播更受观众的喜爱，它的出现是直播界的又一个"大事件"。

直播拥有看得见的美好未来

现如今，直播已经从最初的激烈竞争阶段，过渡到了比较稳定的阶段。各大直播平台已经逐渐拥有自己的"一亩三分地"，直播行业形势也趋于稳定，只是偶尔还会有"暗流涌动"。而直播的未来，其实是能看得见的，也是很美好的，那就是"直播+"。

相比其他行业来说，直播最大的优势就是和观众更加贴近，能够成为观众日常生活中的一个"伙伴"。所以，不管怎样管控、怎样洗牌，直播一定是有自己美好的未来的，因为观众需要它，所以它拥有市场。

斗鱼直播的创始人陈少杰说："直播行业在经历了资本的大量涌入之后，我们对斗鱼的经营模式和未来进行了重新思考。直播存在着内容和工具的一体两面，斗鱼的未来不应该只是一个内容的提供商，而是应该用直播让尽可能多的人和事产生联系。"

在这种理念的引导之下，斗鱼开始了自己的"直播+"战略。直播在经历过时间的沉淀之后，它的内容以及形式，都在不断升级，而"直播+"则是直播发展的必然趋势，也是直播未来的方向。

现在我们可以看到"直播+教育""直播+旅游""直播+游戏"等众多的"直播+"内容。在未来，"直播+"会加上更多的内容，比如"直播+医疗"，也许会随着技术手段的提高而逐渐变成一种大趋势。尽管目前"直播+医疗"还只是一个雏形，但谁也不能说它不会在未来发展得更好，一旦它能发展好，就会成为一个新的风口，可以给人们带来巨大的便利，同时也产生巨大的价值。

陈少杰在讲到"直播+"时，从四个维度对它进行了全面地讲解。他认为，"直播+"给直播带来了一个美好的未来。

1."直播+"让直播的内容变得更加多元化，与此同时，直播的内容也会更加精致。正如华尔街的名言："一切可以产生稳定现金流的资产都可以证券化。"如果把这句名言运用在直播行业，就可以说："一切能产生稳定流量的内容都可以用来做直播。"它的前提，首先是要合法并且符合社会伦理。

2."直播+"使用户的兴趣随之被充分激发，快速聚集用户得以实现，并最终留下来成为粉丝。

3.对企业来讲，"直播+"可以让企业的相关信息在用户群中得到渗透。于是，现在可以看到很多企业都开始做直播。这就是"直播+"的魅力所在，并且会在今后长期散发这种魅力。

4.对直播平台来说，"直播+"让直播的生态变得更加平衡，直播平台会发展得更好、更长远。

正是因为有了"直播+"，所以直播行业的未来是无需担忧的。直播拥有看得见的美好未来，这一点毋庸置疑。它既有市场，又有确定的发展方向，剩下的就是如何发展，一步一个脚印地走下去了。

有人觉得"直播+"只是一个新的营销方式，其实并不是这样。"直播+"是实实在在的，它能够吸引到更多观众，同时给观众带来更好的体验，它不是一个噱头。直播的内容和用户从来不是分开的，直播有什么样的内容，就会吸引什么样的用户，用户的喜好反过来也会影响到直播的内容，二者是相互影响的。

　　用直播来进行营销，那只是建立好直播生态系统之后的一件小事情，和直播行业的发展相比，它就显得没那么重要了。在做好生态之后，营销只是举手之劳。

　　直播的未来是美好的，做好了直播的生态系统，让"直播+"成为主流，直播就会一直受到用户的青睐，拥有长久的生命力。

第二章 直播界的"一哥一姐"们

直播大火，让众多年轻人涌入这个行业，各路人马齐聚直播平台，大大小小的主播如雨后春笋般冒了出来。在直播界，有一群红人，他们从万千同行中"杀"出重围，获得了超高的人气，成了网红主播。

"人气主播"二姐Alice

二姐Alice曾是"映客第一主播",拥有几百万粉丝。在她的微信商城,"双十二"当天,零点之后的一小时里,平均每分钟都有几十单订单,当天总销量达到2242单。

尽管这样的销量已经足以让不少做微商的人眼红,但这对二姐Alice来说根本不算什么,可能连"副业"都算不上。她在映客做直播,高峰时期一天内收的礼物就能达到100万元人民币。

二姐Alice一开始是做DJ的,在做了5年DJ后,她发现做主播比较适合自己,于是转战主播界。现在她已经拥有几百万粉丝,映票总数也早已过亿。

二姐Alice是在朋友介绍下接触直播的,她了解到直播正在蓬勃发展,于是她开始在工作之余顺便做直播,在战旗直播平台上直播她的生活和工作。在战旗直播做了半年多,她虽然没有大火,却也成功吸引了数万粉丝。因为平时在夜店工作,也就是几十个人,与数万人相比显得微不足道。于是她毅然决定放弃夜店的工作,转行做一名专职主播。

二姐Alice是个行动派,做好决定,她马上就行动起来了,将自己的家装修成了一个袖珍版的夜店模样，打碟机、话筒、灯光……各种道具一应俱全。接下来，她就开始安安心心专职做主播了。

但问题很快就来了，战旗是一个专做游戏直播的平台，其他类型的直播很难出彩。尽管二姐Alice非常努力，但是她的成绩始终有限，粉丝也涨不上去，有时候她赚的钱甚至都不够负担生活所需的费用。终于，她明白了问题所在，于是又转战映客。

对于去映客发展，二姐Alice表示：

2015年12月，一个偶然的机会，我看到朋友圈的一篇文章，题目是《你丑你先睡，我美我直播》，觉得很好玩，就点进去看了看。在这篇文章里，我知道了映客直播APP。经过了解，我觉得映客才是最适合我的，于是就下载了映客APP，开始在映客直播。

在战旗时，二姐Alice已经算是个小有名气的主播了，但是来映客后辛辛苦苦做了一个月直播，粉丝只有百十号人。这种打击让她一度怀疑自己不是当主播的料。

二姐Alice回忆起当时的情景：

刚开始在映客直播的时候，我的粉丝少得可怜，这让我有点心灰意冷。寥寥几人的直播间寒冷得让我觉得自己可能根本不适合当主播，渐渐我失去了方向。不过，那时候有一个粉丝特别喜欢我，愿意给我打赏，并认为我一定可以做个好主播。当时我非常感动，并且有了坚持下去的勇气和决心。

既然选择了远方，便只顾风雨兼程。二姐Alice把心态调整好之后，不去管什么热门了，也不去冲榜了，就是和这几百个铁粉互动，坚持做着直播。这些粉丝虽然不能打赏她很多礼物，但是有他们在，人气就只会涨不会落。他们就好像一支"亲卫军"，让二姐Alice有了最初的底牌，也有了和其他主播一战到底的勇气。

二姐Alice亲切地称这些人为"二粉"，他们都有一种很"二"的执着精神。"二粉"们经常给二姐Alice拉票，任何时候都不忘帮她宣传。

后来，映客有一个"樱花女主播"的评选活动。二姐Alice和她的"二粉"们顿时忙碌起来，二姐Alice负责充分发挥实力，"二粉"们负责拼命拉票。经过一番努力，虽然最后二姐Alice没能夺冠，但也取得了第二名的好成绩。通过这次活动，二姐Alice总算是被更多人知道了，粉丝一下子涨到了近30万人。

有了这几十万粉丝，接下来的发展就比刚开始容易多了，二姐Alice的粉丝数量开始不断增长，很快突破了百万。

对于粉丝的快速增长，二姐Alice表示：

在几次比赛里取得好成绩，赢得更多的粉丝，这些全都是因为我那些"铁粉"的支持。当时评选"樱花女主播"，"二粉"们真的是拼尽全力给我拉票，不但在微信朋友圈和微博分享链接，还尽可能地邀请更多的朋友过来支持我。粉丝们的一举一动我都看在眼里，对他们非常感激。评选"双十一最红女主播"时，因为当时要在一定的时间段里投票，票数有加倍的效果，所以"二粉"们互相提醒，有的人甚至为了投票，每天都定上闹钟。我的成功，不是自己的成功，是所有粉丝们的成功，没有他们，就没有我的今天。

粉丝已经达到百万级别，二姐Alice终于不再是一个默默无闻的主播。很快，二姐Alice便成功晋升为映客当红主播中的一员。她已经有了足够的身价，收入也跟着成倍提升，除了粉丝们的打赏之外，映客还和她有直播协议，每月的底薪是6万元。从此，二姐Alice再也不用为入不敷出而烦恼了。她没有吝惜自己的成功经验，而是成立了"happy家族"，经常和100多名主播共同交流经验，共同探讨如何将主播事业做得更好。

其实，收入增加只是其次，最让二姐Alice感到开心的，还是自己的粉丝越来越多。二姐Alice在三亚举行生日游艇宴会时，很多粉丝到场给她庆祝生日。那些不能到场的粉丝，也通过快递的方式将礼物送达，让二姐Alice心里暖暖的。虽然直播很苦，每天要花大量时间准备内容，而且每天都要站三四个小时，还要化妆做造型等，但因为有这些粉丝的支持，所以二姐Alice还会在主播的路上继续走下去。

人气上去了，二姐Alice在做直播之余，也会接一些广告，比如苏宁易购、vivo手机、搜狗输入法等品牌的广告。二姐Alice会将这些品牌广告放到直播节目中，偶尔也会参加一些品牌的线下发布会。

由于生活上的原因，二姐Alice停播了一段时间，这让看不到她直播的粉丝们十分想念。不过，还是有很多人在关注着她的动态。她的微博粉丝有100多万人，更新微博时会有人给她留言，同时微博"超话"也经常有粉丝在互相交流。她虽然很久没有直播，人气却依旧未减。

2020年11月左右，二姐Alice开始在抖音发布短视频作品，并在抖音做直播。很多从映客就一直看她直播的粉丝把目光转移到抖音，开始关注她的抖音作品，并在这里看她直播。很快，她在抖音的粉丝数量就达到了70多万，收获点赞数量250多万。

作为人气主播的二姐Alice，果然总是能够迅速聚拢人气。相信在2021年，她很快就能够在抖音收获更多的粉丝，拥有更高的人气。

"电竞女神"Miss

说到"电竞女神"Miss，电竞圈几乎无人不知无人不晓，这么多年来，在电竞圈一直流传着很多关于Miss的传言。近几年，Miss的人气更是一路飙升，有了"电竞一姐"的称号。

Miss曾参加江苏卫视生活服务知识类节目《一站到底》，并透露自己以1亿元身价签约了虎牙直播。

Miss原名韩懿莹，是一位毕业于海南大学的"80后"美女，内地电竞女解说，游戏ID是Miss。她在2007年~2012年是《魔兽争霸3》的电竞选手，并获得过WCG2008广州赛区魔兽女子组冠军。2012年，她转战《星际争霸2》。除了做电竞选手之外，她还做游戏解说，解说过《魔兽争霸》《星际争霸》《DOTA》等游戏。

游戏《英雄联盟》出现并逐渐火起来之后，Miss开始做《英雄联盟》的解说，并在2013年开始做一个目前非常火的教学系列视频《Miss排位日记》。

Miss在四川一个普普通通的教师家庭长大，小时候学习成绩还算可以。Miss从小就在游戏方面很有天赋，因为反应速度快，无论是"小霸王"游戏机上的《魂斗罗》《超级玛丽》，还是街机上的《拳皇》，她都能玩得比其他人好。

在大学期间，因为对电竞有着发自内心的热爱，所以Miss参加了学校的电竞社团。进入电竞社团不久，Miss就因为出众的技术，代表学校参加了一次比赛。这次比赛让Miss一战成名，她击败了校际比赛上的常胜将军。也正是这次比赛，让Miss有了做职业电竞选手的想法。

因为大学时学的是会计专业，毕业后Miss在会计师事务所工作过一段时间。但是，她很快就发现自己不适合这份工作，还是电竞事业最让她魂牵梦萦，电竞才是她内心的目标。

2007年，Miss加入了中国电竞第一女子战队First。2010年，这个战队解散，于是她到电视台做了电竞主持人，开始了她的转型之路。2013年，在电竞行业最火的时候，Miss开始做游戏解说视频，并逐渐崭露头角。她的《Miss排位日记》第一期发布以后，就获得了不错的成绩，当天点击量就有180万。

早在2006年就已经开始接触《魔兽争霸3》的Miss，从电竞事业上一路走来。可以说，她见证了几款主流竞技游戏的成长，而因为《英雄联盟》这款游戏，她才终于大红大紫，变成万众瞩目的明星主播。

现在Miss已经是最火的游戏女主播，《Miss排位日记》每期的点击量平均在五六百万左右，这档视频的总点击量高达几亿次。但Miss依旧不忘初心，像刚开始做游戏解说时一样敬业，一直都保质保量地坚持更新。她之所以能有今天的名气，和她的这份坚持有很大关系。

直播火了之后，游戏解说们纷纷开始转战直播，Miss也不例外。做直播时，Miss依旧非常敬业，不怕苦不怕累。Miss以1亿元的天价签约了虎牙直播之后，人气依旧十分火爆，做直播时也总是有众多粉丝捧场。

直播的过程是很耗费精力的，尤其是在游戏的高分段，大家都是高手，要想打赢很不容易。Miss要冲击《英雄联盟》"王者"段位，不停地打着排位赛。在一次排位赛直播过程中，打完一局游戏以后，Miss因为太累了，就跟大家说想要睡一会儿。

Miss告诉助理说睡10分钟后叫醒她。

虽然Miss在睡觉，但围观的观众不但没有减少，反而越来越多。最后有30万人在线"围观"Miss的睡觉过程，睡觉都有30万粉丝捧场，真是太厉害了，Miss的人气可见一斑。

除了敬业之外，Miss非常擅长和粉丝互动，无论是在直播中、微博上，还是在视频下方的留言里，Miss都能和粉丝很好地进行互动。她能有超高的人气，和这些互动是分不开的。

对于如何做好主播，Miss表示其实非常简单，只要记住一条就够了：

成功的方法其实很简单，就是刻苦刻苦再刻苦，努力努力再努力。我的字典里没有借口和放弃，只有保持和尽力！

"电竞女王"小苍

在电竞圈，如果说Miss是"电竞女神"，那么小苍就是"电竞女王"。

在2008年北京奥运会火炬传递期间，小苍作为电竞选手，当选了奥运会火炬手。通过长沙站的火炬传递，小苍让更多人了解到，电竞不仅仅只是游戏，它还是第99项体育项目。

小苍原名张翔玲，是毕业于北京师范大学的"80后"，所学专业是影视传媒。她曾是一名电竞选手，后来做了游戏解说。与Miss相比，她在电竞道路上的起步更早。

2000年，正在读高二的小苍和游戏《星际争霸》相遇，对其产生了兴趣。

2002年，在北京师范大学读书时，小苍同时也不断在电子竞技行业里探索，还兼职做电竞网站编辑等工作，也做过一些游戏解说。

2004年11月，小苍加入Faith魔兽女子战队，她给自己取的游戏ID是"Faith.cang"。当时电竞在国内并非主流，也没有多少市场，小苍能毅然投身电子竞技，说明她深爱着这项事业。

自2005年起，小苍开始解说国内外的各种电竞赛事，如WEG、WCG、IEST、CIG、ESWC等，向游戏解说方向发展，而后逐渐发展成为一名职业的电竞解说，在各大赛事上都能看见她的身影。

2012年，小苍辞掉了腾讯品牌经理的工作，开始专职做游戏《英雄联盟》的解说。她的各种视频成为电竞爱好者学习和娱乐的首选，视频开头的"享受竞技、热爱生活，大家好，我是小苍"，也成了粉丝们津津乐道的标志性口头禅。

很多人是看着小苍的视频慢慢在《英雄联盟》这个游戏起步的，小苍的视频也总是能以独特的视角，让观众学到很多东西。

在游戏《英雄联盟》开始火起来的最初那几年里，小苍主要以做技术讲解的视频为主。随着这款游戏越来越火，会玩的人也越来越多，在进行一些技术教学之外，小苍开始把视频的重点转移到娱乐上。

小苍的视频，除了实用之外，还赢在一个"新"字上。比如她的《神探苍》系列视频，就对很多平时大家忽略的点进行深入挖掘，内容不但有营养，而且妙趣横生。现在的《小苍第一视角》《神探苍教你玩》《神探苍流言终结者》等系列视频，依旧深受观众喜爱。

当其他解说都开始做直播时，小苍也在斗鱼开了直播账号。她的人气一直都很高，而且她非常敬业，甚至一度连续一周的时间进行超高强度的直播。在这一周里，她每天都直播6小时。

小苍的敬业精神得到了回报，虽然以前没做过直播，但是因为她的努力，她的状态越来越好，表现也越来越好了。在做视频的时候，小苍非常严谨，但在直播中，一向严谨的小苍也开始做各种逗趣的事，让直播变得更加有趣。

除了一改往日的风格之外，小苍在直播时还拉来不少好友助阵，比如苏小妍、笑笑、JY、小米等圈内好友。经过一番努力，她的直播间人气大涨，观看人数多次达到百万级别，弹幕铺天盖地。

在直播中，小苍还和粉丝们组织了几次"水友赛"，即和粉丝们一起玩游戏。这让粉丝们的热情更加高涨。

当其他女主播纷纷以颜值取胜时，明明可以"靠脸吃饭"的小苍却偏偏要用实力证明这是谁的时代。而她越来越火爆的人气，也证明大家最喜欢的还是有实力的主播。

做电竞解说这么多年，电竞和粉丝们早已融入小苍的生活中，是她不可或缺的一部分。对此，她自己这样说：

刚结束一年的直播，想好好休息一下。LOL七年了，宅在家里先疯玩一阵子单机。顺便想把一堆很烦的事收尾，可惜失败。身边人老劝我别天天玩游戏，要获得更多的人生体验，然后我就去跳伞了。

可是不直播，总感觉心里空落落的。大部分时间，我都是宅在家里玩游戏，观众已经成为我生活里很重要的一部分。一个人玩得再高兴，也不如和大家一起有意思，与其说粉丝们想看我直播，不如说我也需要你们。

当我知道Lost Castle出联机版的时候，我非常兴奋地去杰克直播间跟大家一起玩，而且观众都是老熟人，调侃聊天特开心。

谢谢真爱粉一直陪伴我、支持我。你们关心的直播，不久将在熊猫TV开启。

我的"大刀"早已"饥渴难耐"！

在超高人气和各种光环的笼罩之下，小苍所付出的努力是很多人想象不到的，除了每天超强度的直播之外，她的嗓子也受到伤害。她有一个外号叫"炎王"，用她自己的话说就是"急性咽喉炎、急性支气管炎、结膜炎……炎王在这里求安慰。"因为每天都要直播、做视频，说一大箩筐的话，所以嗓子发炎几乎成了家常便饭。而小苍就是在这样的情况下，依然坚持工作，身体力行地向人们诠释着什么叫"拼"。

小苍就像是嫁给了直播和电竞，注定在这条路上一直走下去。在她的意识里，直播和电竞带给她最大的收获就是"满足感"。如果网友们看她的直播，收获了快乐、学到了东西，她就感觉自己的工作特别有价值，也特别满足。

她嫁给了事业和追求，就只顾一路向前、风雨无阻，相信她在今后会发展得更好。

"口红一哥"李佳琦

李佳琦是一位非常有名的美妆博主,他在直播当中的一句"OMG"曾经一度火遍全网,成为风靡一时的"口头禅"。他在直播带货时非常敬业,卖口红时的表现非常亮眼,给观众和粉丝推荐的口红也能够令大多数人满意。他曾经在直播时5分钟卖出1万5000支口红,也曾创造"30秒涂口红最多的人"吉尼斯世界纪录,被粉丝亲切地称为"口红一哥"。

通常来说,男主播在带货时更多的是选择男性顾客为主的产品,但是李佳琦却反其道而行,直播带货的产品是口红、护肤品、化妆品等。由于他的推荐很不错,本人的性格也很好,在直播讲解时特别有耐心,所以深受观众的喜爱,还有一大批忠实的女粉丝。有些口红原来销量并不是特别好,经过他的推荐后,一下子成为网络爆款,销售一空,他的人气和影响力堪比明星。实际上,随着李佳琦的人气越来越旺,知名度也越来越高,他已经不仅仅是一个普通的网红主播,更像是一个明星了。

李佳琦出生于1992年,他在直播这个行业已经做了有很长一段时间了。刚开始做直播时,和所有的主播一样,他并没有多高的人气。当自己很努力地去直播,直播间的观众却寥寥无几时,李佳琦也曾经一度怀疑自己的选择是否正确,是否应该继续坚持直播。就在他犹豫不决时,身边的人劝他再多坚持一下，说不定就会有转机。他听从了建议，继续坚持下去，终于慢慢火了起来。

李佳琦这一火，就是好几年的时间。现在有些网红火一阵子就可能会"过气"，可李佳琦却像是一棵常青树一样，不但没有过气，反而越来越火了。特别是2020年，随着直播带货广泛被大众熟知，李佳琦的知名度也更高了，他还去参加了综艺节目，参演了影视剧，和别人推出了单曲，俨然就是一个"大明星"了。

李佳琦直播带货的能力也是很少有人能比得过他。他曾经和马云比赛卖口红，结果很轻松地赢得了比赛。

在2018年的"双十一"期间，李佳琦和马云在直播当中比赛卖口红。直播一开始，李佳琦就非常熟练地和大家打招呼，一边挥手一边说："哈喽，大家好，我是李佳琦，我们今天的口红直播就要开始喽……"马云虽然慢了半拍，也赶紧通过摄像头和大家打招呼："哈喽，大家好……"李佳琦说："我是口红一哥。"马云也不甘示弱："我是口红大哥，今天给大家推荐一款国产口红……"李佳琦表现得更加专业，一边介绍口红的特点，一边将口红涂在自己的手背上，通过镜头展示给大家看。马云也赶紧学着他的样子，把口红涂在手背上给大家看。然后李佳琦非常熟练地把口红涂抹在自己的嘴唇上，这时候马云扭过身子来看向李佳琦，似乎已经被他的专业程度折服了。最终，这场比赛结束时，李佳琦带货1000支，而马云带货只有10支。

虽然李佳琦和马云直播带货的比赛更像是广告宣传，但这也能够说明李佳琦确实人气特别高，而且带货能力也很好，所以当大家看到他赢了马云时，并不觉得特别惊讶，还认为非常合理，并且将它当成一个趣谈。

从2019年到2020年，李佳琦的人气一直都很高，他的名字也被更多的人知道。他不仅仅是直播卖口红了，也开始直播做一些公益的事情。

2020年1月7日,李佳琦走进辽宁扶农助农第一线,做了一场东北风情的公益直播带货,产品包括朝阳小米、丹东产鱼罐头、风味红肠等。这场直播持续了一个半小时,销售额超过1000万元。

2020年1月23日,李佳琦做客辽宁卫视春晚,成为辽宁脱贫攻坚助力官。

2020年1月24日,李佳琦在直播中为阿里巴巴发起的"武汉加油"公益项目筹得了7000多万元捐款。

2020年3月26日,李佳琦开了湖北专场公益直播,助力湖北复工复产。这场直播不向参加企业收取任何费用,李佳琦个人还向中华社会救助基金会"湖北逆行者致敬行动"定向捐款100万元,为湖北省抗疫一线的医护人员筹集生活保障金和关爱金。

2020年4月6日,李佳琦和央视新闻主播朱广权搭档做公益直播,向网友推荐蔡林记热干面、汉口二厂果汁汽水、香菇、莲藕等湖北农副产品。这次直播带货的时间约为2小时,有1000多万人观看,销售额高达4000多万元。

当一名网络主播有了足够高的人气之后,他就应该更加注意自己的一言一行,因为他已经成为一个明星,他的每一句话、每一个行为,都可能会给观众带来很深的影响。现在的网络主播和影视明星一样,都属于公众人物,所以要努力传播正能量。李佳琦深知这一点,所以在拥有了人气以后,比以前更加严格要求自己,对慈善公益等直播内容做得也比以前更多了。除了在直播时做公益慈善等内容,李佳琦还成立了基金会,为贫困地区的孩子建立希望小学。

李佳琦不仅通过直播带货赚钱,还通过直播带货,向粉丝传递一种积极向上的生活态度。虽然直播非常累,每天都工作很久,甚至连去度假也要做直播,但他只要是出现在镜头前,就总是显得很开朗,语言也很有亲和力,让观众感觉到亲切。

正是由于李佳琦平时工作努力,严格要求自己,并通过直播传递正能量,所以他才能够一直受到观众的喜爱。现在他已经从直播圈内火到了圈外,被越来越多的人认识,今后他的路应该会走得更好。

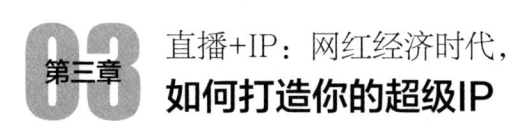

第三章 03 直播+IP：网红经济时代，如何打造你的超级IP

IP一直是非常火的话题，很多IP都能创造出巨大的经济价值。在网红经济时代，直播和IP是可以结合到一起的。将直播IP化，把主播打造成一个火爆的IP，就可以在直播中挖掘出更多的价值。

网红经济为什么火

尽管网红早就已经存在，但却始终存在于人们视线的边缘地带，只不过偶尔才被拿来娱乐一番，或是被当成茶余饭后的谈资，和正统的东西不沾边。但是在近几年，特别是2020年，情况发生了变化，网红再次强势进入大众视野，从非主流一下子变成了主流。

网红之所以一改几年前边缘化的状态，受到大众追捧，主要原因就是网红经济。因为网红不再是中看不中用的花瓶，而是可以迅速吸金的利器，所以各种组织、各种平台、各种媒体，纷纷将聚光灯对准他们。

电商的发展，在让网购更便捷的同时，也给网红带来了更多的创收方式，他们可以直接从粉丝那里拿到打赏。另外，智能手机的普及，让越来越多的人有更多的时间关注互联网，给网红们带来了足够多的流量，于是网红们就更有资本去吸引那些广告商。网红经济，其实和互联网一贯的经济模式相同，都是靠流量产生价值。

papi酱因为拥有众多粉丝，视频播放量非常大，于是就化身为一个非常有价值的广告平台。她在不经意间将广告植入到段子当中，就能获得巨大的经济效应。通过广告，网红利用人气促进了消费，也给自己带来丰厚的收入。

除了做广告之外，有些网红引导消费的方式更加直接，他们自己开店，直接将粉丝变成消费者。

网红经济还有以下几点特质：

一、网红经济正值春天

以往的电商太依赖产品，微商则与传销的气质太接近而让人感到厌烦，但网红经济和它们不同，有着天然的优势。

主播们在网上和粉丝互动，有交流沟通，有相互关心，让粉丝们更有归属感。

网红独一无二的特质，让网红经济在竞争激烈的互联网商业红海中呈现出一片欣欣向荣的景象。网红经济正处在春天里，因此也成为朝阳经济。

二、网红经济优势显著

和其他经济模式相比，网红经济在当前拥有的优势太多了。

首先，网红有超乎想象的传播速度。当很多娱乐明星还在为没有话题上不了头条而忧心时，网红们天天在各大新闻网站霸占着头条，还被网友们口口相传。

其次，网红的定位相当精准。不同于传统的"广撒网，多捕鱼"模式，网红一般都在某个特定的领域持续深挖，所以通常粉丝们的纯净度特别高。这种情况给网红经济带来了很多好处，比如信息能被目标群体更完美地接受，很少出现被用户无视的情况。所以在精准营销为王的时代，网红经济注定独占鳌头。

最后，网红的形象特别平民化、接地气，更容易引起网友们的共鸣。这一点非常重要，是网红取得成功的终极"大杀器"。娱乐明星们虽然光环闪亮，在普通人眼里却是高高在上，只可远观不可亲近，不像网红更接地气。移动互联网时代，其实是平民和草根成为消费主体的时代，网红立足他们之中，或者本身就是他们中的一员，自然更容易获得人心。而网红经济，就是把平时"大人物"们不屑一顾，但却潜力巨大的平民市场抢占了。

三、网红经济的弊端

网红经济虽然火了,但它的一些弊端我们还是要正视,比如有些网红所做的视频和直播内容低俗等问题。

为了获取更高的关注,网红们不但想尽一切办法标新立异,尤其是那些美女主播们,直播的尺度越来越大。

按照这样的趋势发展下去,网红经济一定会走向畸形。不过,现在相关部门已经对网络直播等行业采取了相关措施,出台了相应的规范制度,将这种不正常的风气扼杀在摇篮里。

网红的变现模式

现在网红已经进入直播时代，变现模式也多了起来，而且各种模式都相当成熟。于是，网红得到资本的认可，开始了商业化的转变，网红经济也就成了商业主流。

对直播平台来说，网红是产生流量的重要因素，平台有成套的利用网红流量变现的模式。

一、直播平台变现模式

1.增值服务

和网络游戏免费，道具收费的道理一样，网游们在直播平台看直播免费，但是要想享受一些增值服务，就需要付费了。直播平台提供的各种虚拟道具、打赏、会员等服务，全都是需要付费的。这些也是平台将流量变现的重要方式。

网红们在平台直播，就相当于我们平时租人家的房子开店，需要交房租一样。网红在一个虚拟的包间中做直播，在得到粉丝们的打赏时，需要和直播平台共同分享这些收益。网红越火，收到粉丝们的打赏越多，直播平台赚到的钱也就越多。

用户在给网红们打赏的同时，也在这个过程中提高了自身的等级，这也多多少少能给用户带来一定的优越感，也算是促进用户打赏的一种方式。

除了有等级之外，一般直播平台都会有会员服务。用户想要享受会员服务，就要交一定的会员费用。这也是直播平台的收入来源。

2.做广告

有流量的地方就有广告，这在互联网时代已经是一种规律了，在移动互联网时代依旧如此。直播平台拥有巨大的用户流量，做广告赚钱简直再正常不过。

直播平台通过图片广告以及各种硬植入广告的方式，让广告基本成为用户"防不胜防"的必看之物。

3.链接游戏

手游页游一直都是特别吸金的行业。直播平台和游戏厂商合作，在用户观看直播的时候，可以链接到相应的游戏中，这样就给游戏做了大量的广告。

4.线下活动

一些直播平台不但在线上将网红的流量变现，线下的机会也不放过。通过对网红艺人的包装，利用线下的活动，用卖门票等各种方式获得收益。

直播平台"财大气粗"，而且只要变现模式有效，赚钱不是问题，所以变现模式只要有几个主要的就够了。相对来说，网红自己的变现模式比平台更多，因为只有变现模式的数量上去了，才能赚到足够多的钱。

二、网红主播的变现方式

通常网红主播们的变现方式有以下这些：

1.平台分成

粉丝们在给网红打赏时，平台会收取一部分收益，剩余的部分会分给网红。这种分成是网红的主要变现模式，尤其是对大网红来说，每天只是粉丝们的打赏就能收益颇丰。

2.工资

当网红的人气足够高时，平台就会考虑和网红签约，这样每月就有固定的工资可以拿了。主播的人气越高，身价也就越高，工资随之水涨船高。比如以

3000万年薪和虎牙签约3年，号称1亿身价的Miss，就是其中的典型代表。

3.广告收益

直播平台可以做广告，网红们自己也可以做广告。只要人气足够高，每天在线观看的人数足够多，做广告的收益就会非常可观。

4.开店

主播们开店的非常多，通过开店卖东西，将粉丝们变成消费者，把流量的价值充分体现出来。开店卖东西，不需要和平台分享收益，赚到多少都是自己的。

为了让店铺能够红红火火，在开店之前一定要认真分析粉丝们的属性，选择粉丝们喜欢的产品来卖。还要注意的就是产品质量一定要过关，价格也要合理，这样才能让粉丝们更加信任主播。有了这份信任，店铺才能越做越好。

5.参加线下活动

网红主播们火了以后，参加线下活动也是个不错的选择。

6.做代言人

网红主播还可以做品牌广告和品牌代言人，这也是迅速将人气变现的方式。不过在选择品牌的过程中，一定要考虑到自己的粉丝群体属于什么类型，尽量接那些和自己风格相近的品牌。这样才能让广告和直播交相辉映、相互促进。

7.发展影视

现在影视剧的制作门槛越来越低，不少网红在有了人气之后，用影视作品将人气变现。

网红们拍电影、电视剧，也是进一步提高知名度，并迅速将人气变现的好方法。

8.推出作品

网红主播们往往都有才艺傍身，在获得人气之后，可以推出自己的作品，用这种方式来变现。比如推出音乐专辑或将直播的精彩内容编辑成书等。在高人气之下，这些东西一定会有不错的市场。

直播IP化，直播的又一个模式

直播IP化，成了直播的又一个模式，也是又一个风口。直播平台都开始努力打造自己的IP，有的推出了一整套的IP计划，有的在IP方面努力探索新的契机。在这个IP化的大潮中，直播平台出现了一场大混战，使IP和商业化结合了起来。一个直播IP是不是拥有价值，主要还是看它能不能将观众、主播和广告商等紧密结合起来，实现变现。

近几年，直播IP化大战如火如荼。众多直播平台都推出了自己的造星计划，为的就是打造一个IP出来。

在北京国家奥体中心体育馆，《映客樱花女神星光夜》直播盛典完美落幕。映客的盛典可以说是搞得比较晚了，不过搞得很有自己的特色，有些不同的思路。它是直播IP化模式的一个例子，从它就能看出直播IP化大战的一些特点。

直播平台已经不满足于做简单的直播了，都开始搞盛典之类的大型节目，以此来吸引观众的眼球，打造自己的IP。

近几年国家对直播行业的监管力度进一步加大，对直播中的内容要求更加严格。但这并没有让直播行业因此而萎靡，在行业更加规范的同时，投资商对这个市场更加看好了，进而大量的资本继续涌入直播行业。

有了政策的监管，加上资本的涌入，直播行业不但没有停止前进，反而开始向IP化进军，迎来了新一轮的飞速发展。各种赛事直播、盛典直播，直播界的造星运动层出不穷，为的就是打造一个好的IP。

在直播IP化的大潮中，各大直播平台不约而同地将目光锁定在赛事、盛典、综艺等内容上。在这几个内容上发力，所取得的效果是非常好的，用户被这些内容吸引，并且快速聚集起来。

一些厂商会对自己的IP进行尝试开发，一方面这些IP开发出来之后，能带来巨大的利润，另一方面，这也是能够迅速占领IP市场的一种方式。厂商和直播平台结合起来，共同打造一个IP的事情屡见不鲜。于是，直播的IP化大战更显得白热化起来。

很多厂家为了吸引消费者，和直播平台合作，在新产品推出时，一边做发布会，一边直播。还有的影视剧，也是在发布会现场做直播，以赢得更多粉丝的关注。

在直播IP化模式大火的同时，还要看到，在直播IP化的过程中，有一些需要注意的地方：

1.广告的植入会影响观众的观看体验。在直播IP化时，植入广告会让这个IP的价值更好地体现出来。可是，植入的广告越多，观众的体验往往就会越差。软广告还好一些，硬广告通常是观众最为反感的一种方式。因此，在做广告时，要把握好广告的数量，并且尽量以软广的形式出现，以保证观众有比较好的观看体验。

2.如何将IP产生的流量真正转化为消费力。虽然IP对观众的吸引力非常强，也能够产生很大的流量，但是，这些流量并不一定能够产生真实的消费。如何将IP所产生的流量变成真实的消费力，这一点是必须要考虑清楚的。如果不能做到这一点，就只是烧钱来打造IP，却不能赚到钱，则无法长久。

  3.主播被挖墙脚，将会是直播平台巨大损失。平台耗费巨资和精力打造出来的主播，一旦被其他平台挖走，之前的努力将全部付之东流。如何能够留住主播，让打造出来的主播IP真正发挥出价值，这也是直播平台应该考虑清楚的。

  直播IP化，给直播行业带来了新的发展，但同时也要清楚它所暗藏的危机，只有这样，直播平台才能真正在这个模式中获益。

直播+IP，这个风口要如何赶上

直播+IP并不是直播和IP的简单相加，而是直播和IP真正结合起来，创造出更大的价值。

我们都知道直播很火，但是，与综艺节目相比，尤其是大火的综艺节目，还是有一定差距的，比如《快乐大本营》《奇葩说》等娱乐节目，都比直播节目要火得多。原因一方面是，这些节目的制作团队更专业，如果直播平台也这样来做，所需要的成本就太大了。另一方面，这种娱乐节目和直播本身的特点并不完全相同。

看起来，直播和娱乐节目相比，很难达到那样的火爆程度。但是，当直播和IP加到一起，就有可能出现那种程度的火爆场面。IP能够吸引观众，产生流量，却无法直接变现。直播可以收到观众的礼物，能够变现，但不一定有特别强的吸引力。将IP和直播结合到一起，就能进行互补，充分发挥彼此的长处。

一方面专注于打造自己的IP，这是很多直播平台都已经在做的事，另一方面就是和那些已经火的IP结合起来。已经火了的IP，本身就拥有很高的关注度，拥有众多粉丝，能够产生巨大的流量。直播和这些IP结合到一起，就能产生非常好的效果。

电视剧《择天记》在上映时曾获得非常高的收视率。《择天记》是根据同名网络小说改编，本身就是一个很火的IP。电视剧《择天记》由鹿晗、古力娜扎等一众明星出演，受到的关注度也很高。

早在电视剧《择天记》的开机发布会上，腾讯旗下的NOW直播就已经和这个IP结合起来，在现场做了直播。

在电视剧《择天记》的开机发布会上，剧中的演员吴倩在NOW直播平台上进行直播时，在后台恰好遇到曾志伟。曾志伟作为一名著名演员，在电视剧《择天记》中客串出演，此时被粉丝看到，顿时激发了粉丝的热情关注。

演员吴倩和曾志伟一起用NOW直播给网友做现场直播，将发布会台前幕后的情况呈现给粉丝们，顿时引发了极高的关注度。在引起粉丝关注的同时，NOW直播还给粉丝们准备了专属礼物。这些专属礼物是根据电视剧《择天记》的剧情制作的，这让粉丝们的热情更加高涨。而且粉丝们为了自己喜欢的IP电视剧也不断送出礼物。

腾讯的NOW直播和《择天记》的IP结合到一起，产生了很好的效果。这次的直播+IP模式，激发了粉丝们的热情，也让NOW直播和电视剧《择天记》受到了更多的关注。

腾讯的这次直播+IP，是一个很成功的例子。其实，直播+IP，就是要将直播和一些火热的IP结合起来，产生共赢的效果。无论是资本市场还是互联网企业，都在想办法利用直播+IP来创造价值。

直播+IP一开始是结合一些影视剧和网络红人，以实现流量和变现的结合。但是，直播+IP绝不仅仅是局限在这种内容里的，它可以和更广阔的内容相结合。只要IP拥有大众的关注度，并且这个IP的内容是合法的、积极的，那么这个IP就可以和直播相结合。

主播该如何打造个人IP

随着直播的火爆，直播平台越来越多，主播也越来越多，主播想要打造个人IP，最重要的就是凸显自己的特点，让自己在众多的主播中显得与众不同。这样一来，观众才能记住主播，主播才能成为一道独特的风景，产生一个独特的IP。主播要打造自己的IP，可以通过全面发展，提升自己的知名度，让自己的粉丝来自更广的层面。

罗翔是中国政法大学刑事司法学院教授，中国政法大学刑事司法学院刑法学研究所所长。这样一位刑法老师，给人的第一感觉应该是有一张严肃的面孔，讲课时的内容似乎也应该是枯燥无味的。但罗翔老师却打破了人们对刑法老师的这种认知，他用风趣幽默的语言，给网友普及刑法知识，让刑法变得有趣起来，也在网友当中掀起了一股学习刑法的热潮。由于他讲课时的语言通俗易懂，讲解深入浅出，深受网友们的喜爱。

在B站、抖音等平台，罗翔老师都有自己的账号，并且粉丝数量也非常多，特别是在B站，他的粉丝数量已经超过一千万。罗翔老师平时会把视频内容上传到B站，而在抖音等短视频平台，则上传为短视频。他在B站开直播时，很多网友都来看他的直播，并积极和他互动，直播进行得非常顺利。

由于罗翔老师在讲解刑法时，经常把假设的案例当中的人物取名为"张三"，所以"张三"这个名字也火了起来，成为粉丝经常拿来开玩笑的名字，在他的视频评论和直播评论中随处可见。2021年3月，罗翔老师参加了腾讯视频脱口秀节目《吐槽大会》第五季。在节目当中，他风趣幽默的语言让观众笑声不断。

罗翔老师在B站的账号名字是"罗翔说刑法"，其实，罗翔老师已经将自己的这个名字打造成了一个知名的IP。一提到这个IP，网友们首先就联想到他的刑法课，以及他那风趣幽默的讲课风格。

凭借着自己的独特风格，罗翔老师不但向网友普及了刑法知识，还成了一个拥有知名IP的"大网红"。

独特的风格是打造个人IP的重要因素。要想从众多的主播中脱颖而出，你必须拥有自己的风格。其次是最好能够全面发展，努力尝试一些不同的内容，带给观众不同的体验。有时候，主播需要给观众带来一种陪伴式的体验。因为这些内容可以让主播变得更加立体，对打造自己的IP是很有帮助的。当观众能够从多方面了解一个主播时，他们就会更喜欢这个主播，他们会把主播当成自己的朋友。

总之，独特的风格加上全面的内容，就是主播打造个人IP的好方法。

第三章　直播+IP：网红经济时代，如何打造你的超级IP

用工匠之心去打造直播IP

要想把一项工作做好，没有工匠之心是不行的，直播也是如此。想要打造一个好的直播IP，就需要用工匠之心去对待它，把它做好、做精。这样一来，观众就会对这个直播产生信任，知道它是优质的直播内容，一个拥有众多粉丝的IP也就逐渐形成了。

一个IP到底好不好，观众会根据实际的情况去判断，不会再盲目跟风了。观众变得更加清醒，这其实是好事，因为它能让更多优质的内容脱颖而出，让那些劣质的内容无法再鱼目混珠。直播IP要想赢得观众的认可，获得更多的粉丝，就应该用工匠之心去打造它，让IP成为一个观众信得过的好IP。

女流是一个很火的主播，她本名石悦，是一名高材生，后来当了主播。她是2006年内蒙古自治区高考理科第一名，被清华大学建筑学院录取，后来又在2011年以推免生资格进入北京大学深圳研究生院城市规划与设计学院深造，并在2014年获得城市规划与设计专业硕士学位。在2017年春节期间，一篇《她曾是省状元，读完清华北大却成了游戏主播》的报道在网络上引起了人们的广泛关注。

其实，女流很早前就在做游戏视频。2010年，她以女流这个名字，开始在优酷发布她的游戏解说视频《小型单机游戏之谜画之塔》。几个月之后，她的粉丝数量已经超过500万，成了小游戏区视频排行第一的人。

后来因为学业繁忙，女流有一段时间停止了更新视频，停更的时间大概有一年左右。

2014年，她研究生毕业之后，选择了从事游戏行业，并继续连载她制作的游戏解说视频。2015年，她在网络直播平台开始做主机游戏网络主播。

2017年，她参加了索尼互动娱乐在北京举办的"中国之星发布会暨PlayStation国行两周年庆祝"活动，并获得了个人定制版PlayStation 4 Slim。这是对她在主机游戏推广所做出努力的肯定，也是她多年努力得来的结果。

2018年，她加盟了《游戏星计划》，并和新浪游戏合作推出主题综艺节目《六食记》。

2019年，斗鱼游戏直播平台在美国纳斯达克交易所上市，她参与了现场为斗鱼上市敲钟的活动。

2020年，她在直播间除了打游戏之外，还和粉丝聊天互动，读粉丝的来信等，让观众和粉丝即便在家不能出门也能收获快乐。

2021年，她继续将自己的时间和精力投注到直播当中，带给观众和粉丝更多优秀的直播内容。

女流以一个高学历"才女"的身份做主播，却从没有因此而骄傲自满。她一直努力将直播内容做好，和观众粉丝之间的关系也处理得非常恰当。她的努力得到了观众和粉丝的认可，也成功将女流这个IP打造成了知名的IP。很多人一开始并不认识她，但听说过女流这个IP，会专门过来看她，最终成为她的粉丝。

一个拥有粉丝凝聚力的直播IP，不是简简单单就可以打造出来的，它需要长久的努力，需要有认真工作的工匠之心。把内容做好，并持之以恒，用工匠之心去对待工作，将那份热爱注入工作当中。这样的直播，才是最有感染力的直播。这样做直播，才能打造出有影响力的直播IP。

以工匠之心打造直播IP，首先应该以观众为中心，打造观众喜欢看的优质内容。比如游戏主播，应该去探索观众没有发现的游戏乐趣，给观众带来不一样的新鲜体验，让观众觉得这个主播很有想法。其次要耐得住寂寞，经得起长时间的孤独，能够一直努力下去。因为主播往往是独自面对摄像头，其实很容易感到孤独，但要坚持下去，才能把直播做好。

一个好的直播IP，是要用心去打造的。有了工匠之心，再加上时间的沉淀和积累，好的直播IP才能打造出来。

打造一个可持续发展的直播IP生态系统

淘宝是很多年轻人最早认识的购物网站之一,淘宝给人的感觉是,它有很多新鲜好玩的商品。在直播时代到来时,淘宝也非常积极地挺进直播行业,打造了一个可持续发展的直播IP生态系统。现在红遍全网的李佳琦、薇娅等网红主播,都是淘宝旗下的带货主播。

目前,有超过600家电商淘宝主播经纪公司活跃在淘宝平台上,用一个体系化的成长之路,帮助新人主播们从零开始,快速成长起来。根据淘宝发布的新人淘宝主播发展趋势报告显示,机构淘宝主播已经成为"入淘"的主流。这是淘宝直播IP生态系统的有力证明。

就像明星的经纪公司一样,从选品到后端供应链保障,从新人主播的培训,到每个主播的衣食住行,主播经纪公司都会负责。主播经纪公司就像是一个"造星工厂",将新人培养成为一个合格的主播,也帮助主播传播和推广,最终将主播打造成网红主播、明星主播。

淘宝MCN是对淘宝直播生态系统的统称,它不仅包括淘宝直播MCN,也包括淘宝图文MCN、淘宝短视频MCN等很多内容。

淘宝MCN具有很强的专业性,它是淘宝认证的机构。淘宝的主播想要获得更多推荐,并赢得买家的关注,可以在这里发布短视频。它可以使淘宝主播的内容价值得到有效提升。通过与MCN合作，淘宝能够培养出优质的主播IP和内容，提升内容价值，还可以促进消费升级。当然，对于直播内容的健康和谐，也可以有更好的把控。淘宝想要将其建设成国内最大的"内容+电商"生态体系。与此同时，它也具备了一个可持续发展的直播IP生态系统。

在2020年淘宝直播盛典上，淘宝内容电商事业部总经理公布了几个关键数据。2019年，淘宝直播已经拥有4亿用户，全年成交总额突破2000亿元，年度成交总额破亿的主播有177位。仅"双十一"当天，直播成交额度便突破200亿元。

2020年，淘宝的两位主播，薇娅和李佳琦火遍全网，几乎每个看过直播的人都听过他们两个的名字。淘宝直播在2019年和2020年的成绩有目共睹，淘宝直播用了4年时间，创造了一个全新的产业，全面推动直播电商进入成熟期。

与以往的娱乐类型的直播内容不同，淘宝直播基本以带货为主，与此同时，淘宝直播给人的整体感觉就是很专业、很正经。淘宝的主播专业性很强，对于规范自己的言行都有比较深的认识。所以，他们在直播中呈现给观众的精神面貌都比较好。

现在，国家对于直播行业的管控越来越严格，相关的政策的法律法规也不断出台。主播和传统的艺人几乎已经差不多，都需要以公众人物的身份来对待，也都需要严格要求自己，去传播正能量。

淘宝直播的生态系统比较成熟，同时也比较健康。因此，它在今后应该会有更大的发展。

第四章 04 直播平台那么多，如何选择直播平台

直播火得一塌糊涂，直播平台也如雨后春笋一般往外冒，快手、花椒、斗鱼、虎牙、一直播、映客……简直数不胜数。如果把这些APP全都下载到手机上，铺满整个手机屏幕，也才只是众多直播平台的冰山一角。

记录世界，记录你——快手直播

快手的前身为GIF快手，后来更名为快手，它是一款短视频应用。用户可以通过快手将自拍的视频传到网上，其他人就能在快手上看到用户上传的视频了。由于快手的视频大多都是十分搞笑的短视频，因此受到广大网友的喜爱。

快手是记录和分享大家生活的平台，截至2020年6月30日，在这6个月的时间内，快手的中国应用程序及小程序的平均日活跃用户与平均月活跃用户分别为3.02亿及7.76亿，每天有数百万的原创新鲜视频。在这里，可以发现真实有趣的世界！

2011年3月，GIF快手诞生。2011年，正是移动互联网风起云涌的时代，成千上万的App在那一年诞生，其中也包括GIF快手。

2012年11月，一个艰难的决定。在11月，GIF快手做了一个艰难的决定，从纯粹的工具应用转型为一个短视频社区。随着转型带来了很多负面的影响，但是我们依旧向往着黎明。

2013年10月，GIF快手转型为短视频社交。经过一年多的努力，GIF快手在短视频社交领域大步前进，彻底摆脱了工具化的制约。无论在用户量和用户活跃时长上都得到了大幅提升。

2014年11月，改名为快手。由于两年多的发展，应用名已经制约了GIF快手的发展，于是决定去掉GIF，以一个含义更广阔的名字重新出发。

2015年6月，单日视频260万。2015年6月15日，我们的单日用户上传视频量突破260万！快手的用户有着无可比拟的创造性，无论是在高大上的北上广，还是在遥远的三四线城市。

2015年6月，用户突破1亿。经过4年的积累，快手的安卓和IOS总用户突破1亿！

2015年8月，App Store TOP 30。快手连续一年App Store免费榜TOP 30。

2016年2月，用户突破3亿。2016年，快手的安卓和IOS总用户突破3亿！

2017年第4季度，以虚拟打赏所得收入计，快手主站成为全球最大单一直播平台之一。

2018年1月，快手主站的平均日活跃用户数突破1亿。同年，快手开始发展电商业务。

2019年8月，正式推出快手极速版以商品交易总额计。同年，快手成为世界第二大直播电商平台。

2020年上半年，快手的中国应用程序及小程序的平均日活跃用户数突破3亿。2020年8月，快手极速版的平均日活跃用户突破1亿。

单从快手用户量的急速增长上，我们就已经能真实感受到它的火爆。

不同于其他直播平台，快手从诞生的那一刻起，似乎就刻上了"平民"的印记，是属于大众的娱乐直播平台，具有浓浓的乡土气息，让人感到无比亲切。

很多在快手上做直播的人，都是社会上原本不起眼的"小人物"。他们或者是普普通通的员工，或者是土生土长的农民，或者是名不见经传的小店老板。快手直播，开启了普通人的视觉盛宴。

快手上有一位主播生活在偏远的农村。虽然村子里似乎没有什么可直播的内容，但他在快手上的粉丝却已逾百万。原来，他总是能够想出一些有趣的段子，然后拍给观众看。在粉丝的眼里，他是一个非常幽默的"搞笑之王"。

他每天都在快手上发原创的段子视频，每一条视频都带给粉丝们无限的欢乐。农村清净的环境孕育了他，也带给他无限的灵感。由于环境比较安静，远离城市的喧嚣，他的视频带给观众的感觉也特别朴实和接地气。

有时候为了想出一个好的视频内容，他会苦思冥想很长时间，当自己视频的内容无法独自呈现时，他会把自己的朋友拉来一起拍摄。虽然拍摄的工具非常简陋，只有一部手机，但他对视频质量的要求非常高，有时候一段十几秒的视频，能反复拍上两个多小时。

正因为精益求精，所以他的短视频内容都很不错，在幽默的同时又不乏内涵，赢得了越来越多人的喜爱。

快手上的主播们，通常都是先用短视频开路，继而转战做直播。

快手的火爆，是每个人都能感受到的，因为在我们身边，总能看到在观看快手直播的人。究其原因就在于快手把握住时代的脉搏，领悟了直播应该走大众路线的精髓，并且一直朝着这个方向不懈努力。这是战略的胜利，也是它能火爆的根本原因。

每个人的直播平台——斗鱼

从目前斗鱼的主要直播内容来看,斗鱼是一个以游戏直播为主的直播平台。但这种情况并非斗鱼的本意,"斗鱼——每个人的直播平台"这才是斗鱼对自己平台的定位。

斗鱼之所以叫斗鱼,据说是从泰国斗鱼得到的启发。

泰国斗鱼凶猛好斗,只要两条雄鱼碰面,一场争斗就不可避免。两条鱼像是遇到了天大的仇人,挺起鱼鳍张开腮盖互相展开猛烈攻击,它们用身体碰撞,用嘴巴互咬,打得难解难分。

斗鱼平台就是需要斗鱼这种"一山不容二虎,一水不容二鱼"的精神,要做就做老大,要争就争第一。

斗鱼以弹幕式的直播起家,一开始主要做游戏视频直播和游戏赛事直播。后来它越做越大,也越做越好。

在网络游戏《英雄联盟》大火的这几年,斗鱼一直都是以游戏直播而闻名。现在,虽然斗鱼在努力往各个领域发展,但目前它做得最好的,也最火爆的,依旧是游戏直播方面。

在斗鱼的首页上，游戏直播类的版面占据了整个版面的绝大部分，各种时下流行的游戏直播应有尽有。

在热门分类里，可以看到《王者荣耀》《英雄联盟》《炉石传说》《DOTA2》《守望先锋》等一系列热门游戏。在各种游戏类型分类中，可以看到移动游戏专区、竞技游戏专区、暴雪专区、客厅游戏专区、网络游戏专区、休闲游戏专区等。

按理说，游戏就是用来玩的，而不是用来看的，自己玩游戏应该才是最痛快的体验。对于网友们为什么会看别人玩游戏，而不是自己去玩，有人这样说：

其实这并不难理解，亲自体验一下就什么都明白了。以前我听身边的朋友说，现在他看视频，基本上没有弹幕就看不下去，我当时挺惊讶的，看视频为什么要看弹幕呢，我从来没有那样的习惯。直到后来，我发现我也成了"弹幕控"，我才明白了他的那种感受——独乐乐不如众乐乐！看别人玩游戏也是这样的道理。

通常情况下，玩游戏都是很累的，尤其是竞技游戏，更是累人。如果上了一天班，回到家里肯定没什么精神了，自己去玩游戏就不太愿意了。更何况，有些人天生就没有玩游戏的天赋，游戏根本玩不好，与其在游戏上被人打得落花流水，破坏自己的好心情，还不如看主播们在直播上大杀四方来得痛快。

所以，现在越来越多的人自己不去玩游戏，而是看游戏直播。这样不但轻松，还能和大家同乐，比自己一个人孤零零玩游戏要好得多。

虽然斗鱼在游戏直播方面做得很好，但偏安一隅始终不是大公司的发展之路。于是斗鱼开始向外延伸，涉及更广阔的领域，包括综艺、娱乐、体育等各个方面。

斗鱼创始人陈少杰表示说："未来，斗鱼将更加坚定地走直播多元化、内容精品化的发展道路，在现有基础上把直播平台拓展为包含游戏、御宅、星秀、科技、户外、体育、音乐、影视等集众多热点为一体的综合直播平台。"

曾经有段时间，有不少游戏主播从斗鱼跳槽去了其他平台，其中包括人气非常高的小智和小苍。于是，斗鱼被大家戏称为"斗鱼黄埔"，意思是培养人才然后都输送给别人了。

虽然几个游戏人气主播离开了，但还是有一大批游戏主播在斗鱼做直播。人才本来就是流动的，不能依赖单一的人，而要依赖一个平台整体的作用，这一点，斗鱼做到了。

在斗鱼做直播，观众们打赏的鱼丸、鱼翅是主播收入的一个重要部分，但不是唯一的部分。当主播有了足够高的人气之后，斗鱼就会和主播签约，这样一来，主播除了打赏的收入之外，每月还可以从斗鱼平台领到固定的工资。

为了让直播更加规范，使平台朝着积极健康的方向发展，斗鱼还出台了类似驾照记分式的管理办法。每个直播间的总分为12分，一旦主播违规，会扣除相应的分数，分数扣完，直播间会被永久停封。

作为一个游戏起家的直播平台，斗鱼的人气一直都非常高，现在它有了更加科学的管理办法，有了更多元的发展方向，在今后一定会发展得更好。

中国领先的互动直播平台——虎牙直播

虎牙直播是YY旗下的直播平台，内容以游戏直播为主，同时涵盖综艺、娱乐、户外、体育、教育等各方面的直播内容。

虎牙直播平台的自我介绍是这样的：

虎牙直播是国内领先的互动直播平台，每月超过4000万的观众通过虎牙直播观看游戏直播。我们希望通过游戏连接来自各地的游戏玩家，他们可以直播游戏、观看游戏或者一起聊天。希望通过虎牙直播拉近你我，带来一丝欢乐。

虎牙直播以游戏互动直播为主，持续引入多元化直播内容，如电竞赛事直播、户外直播、娱乐互动直播等，持续领跑游戏直播市场。目前，虎牙直播坐拥顶级电竞战队EDG、619、YTG、KT，知名人气主播Miss等，更有顶级职业选手UZI倾情加盟。全年不间断，持续为玩家奉献精彩直播盛宴！

相比其他直播平台，虎牙直播平台可谓是游戏界众星云集之地：

UZI：小狗，世界第一ADC，2016LOL全明星Solo冠军。

仇东升：BUG仇，DNF世界冠军，世界第一魔道。

第四章 直播平台那么多，如何选择直播平台

Miss大小姐：中国LOL第一女解说，国服最具人气女玩家。

……

点开虎牙直播的首页，一眼就能看到被置顶高亮显示的《虎牙直播平台主播和公会准则》。这个准则是主播必看的准则。

虎牙直播倡导健康文明的直播内容，为了给主播和观众构建和谐绿色的直播环境，制定主播和公会准则如下：

主播：

1.禁止以任何形式直播或转播涉政、涉黄、涉赌、涉军及其他违法以及有擦边球嫌疑的内容；

2.禁止转播未获得授权的内容（包括但不限于电影、电视剧、动漫、视频、体育赛事、游戏赛事等）；

3.禁止直播扰乱游戏厂商运营秩序的内容（包括但不限于直播游戏私服、直播游戏漏洞、外挂等）；

4.禁止直播游戏内容涉政、涉黄、血腥、暴力等平台禁播的游戏；

5.禁止以文字、语音、图片、视频等任何形式宣传其他竞争平台。

……

可见，虎牙直播的相关规范十分完善，是一个可以长久发展下去的健康的直播平台。

纵观虎牙直播的发展史，可以看出它的确发展得快速而稳健。

2012年，YY开始做游戏直播业务，于是虎牙直播的前身"YY直播"隆重登场。

2012年11月，YY上市，在美国纳斯达克强势登陆，成为当时行业内唯一的上市公司。

2014年11月，YY直播注册用户破亿，YY直播成为行业内第一家"亿人俱乐部"。

2014年11月11日，YY直播正式更名为虎牙直播。

2015年1月，虎牙直播被《互联网周刊》评为2015年度第一直播互动APP。

2016年2月，虎牙直播作为直播行业的代表，受到央视《朝闻天下》新闻栏目的采访。

2016年8月，虎牙直播注册用户2.1亿，月活跃用户超过9000万，日人均观看时长135分钟。

2016年11月，虎牙直播荣获"第一游戏直播平台奖"及"最具商业价值奖"。

2018年5月，虎牙在美国纽交所上市，股票代码为"HUYA"，成为中国第一家上市的游戏直播公司。

2019年6月，虎牙总部乔迁并宣布启用全新的公司级LOGO，预示将以更多元化的战略布局持续为更大范围的用户提供更优质、更丰富的直播内容。

2020年2月，虎牙宣布开通在线教育服务，在新冠疫情期间，除了在"一起学"品类中专门开放教学直播间之外，虎牙还针对中小学义务教育专门推出"虎牙一起学"APP。同年4月，腾讯成为虎牙控股股东。

虎牙直播一直秉承着打造精品的思路，所以它不但聚集了众多世界级的战队以及游戏界明星级的主播，还引入了很多国内外游戏大赛的直播权，在游戏直播方面做得专业而深入。随着直播行业在全国范围内如火如荼地展开，虎牙也不仅仅满足于游戏明星加盟了，又拉来众多娱乐明星助阵。

在精品化战略的指导之下，虎牙直播一直给人一种"高大上"的感觉。而同样给人"高大上"感觉的，还有它的先进技术。虎牙直播平台是国内首家全网启用HTML5直播技术的平台，用户可以获得更流畅的观看体验，并且再也不需要被安装插件而困扰，同时远离页面卡顿与手机发烫等现象。

在游戏方面，虎牙直播有很多独家的资源，在《英雄联盟》《王者荣耀》《球球大作战》《守望先锋》《炉石传说》等游戏方面做得都非常好。热门网游、热门手游、主机游戏，各种类型的游戏在虎牙上也是应有尽有。

在虎牙直播的首页上，首先映入眼帘的是游戏直播的分类，但往后看，就会发现它还有很多其他类别，并非游戏版块"一家独大"。"星秀"和"吃喝玩乐"的版块让看惯了游戏直播的人眼前一亮。

实际上，在打造多元化直播内容方面，虎牙做得相当不错，星秀直播、户外直播、综艺节目，各种版块应有尽有。

星秀直播是虎牙直播在传统秀场基础上发展出来的一种新型娱乐直播模式，直播内容主要包括唱歌、跳舞、脱口秀等。星秀直播不但有普通的主播，还有一些国内外知名的艺人。因为直播的质量高，所以观众们打赏的频率和数额都非常高。

虎牙直播和明星陈赫签约之后，打造过一个名为《德玛虎牙》的节目。在虎牙直播的强大号召力下，很多明星的直播首秀都是在这里完成的，比如唐嫣、赵丽颖、林志玲、林允儿等。

由于户外直播深受网友们的喜爱，于是虎牙直播也推出了户外直播栏目。主播们通过手机摄像头，走出屋子，在户外做起了直播，同时展现给网友们更真实自然的一面。虎牙直播还因此开创了一个户外直播节目——《荒野狂人》。

综艺节目也是虎牙一直都在做的版块内容，比如打破传统影视剧拍摄模式的一站式互动养成直播局《你行你上》，以及高端旅游体验类与恋爱情景真人秀大型直播综艺《超能力恋人》，都是虎牙在综艺节目方面的尝试。

从虎牙直播现在发展的情况来看，在虎牙做游戏直播当然是最好的，不过做其他类型的直播也有很大的发展空间，可以说给了主播很大的选择空间。

虎牙直播也算是老牌的直播平台了，这么多年来和主播之间没有发生过太大的纠纷事件，可以说相当靠谱。因此，主播们想要找一个平台安安稳稳发展，又不想未来的高度受到限制，不妨来虎牙直播试一试。

社交直播媒体平台——一直播

一直播，一个聚集超高人气明星大咖、美女帅哥、热门网红、校花校草、可爱萌妹的手机直播社交平台。这里有明星直播、才艺展示、生活趣闻、聊天互动、唱歌跳舞等海量内容……

近几年直播行业可以说是风生水起，但要说最会玩并把"套路"玩得炉火纯青的，还是一直播。

一直播是一下科技旗下的一款娱乐直播互动APP。在直播平台越来越多的同时，每一家直播平台都在想尽办法从众多对手中杀出重围，想尽办法要搞点"大新闻"，让自己备受关注。一直播不慌不忙，大招频发。

一、娱乐圈这个"鱼塘"我们家承包了

一直播一上线，就以奇迹般的速度在娱乐圈跑马圈地，等别人回过神来它已经圈完了。

一直播刚上线，就立即请明星贾乃亮加盟，于是贾乃亮成为一直播的首席创意官。贾乃亮曾在小咖秀创下不俗的"战绩"，堪称"小咖秀之王"，有20亿点击量的光环在身，号召力自然不用说。贾乃亮加入一直播之后，不但邀请很多娱乐圈好友过来助阵，还亲自开直播，采访宋仲基等人气明星，为一直播造势和积攒人气。

当时宋仲基凭借电视剧《太阳的后裔》，火遍大江南北，人气不断飙升。一直播借助明星的力量，在宋仲基亚洲巡回粉丝见面会上，独家直播了见面会的全过程。

在宋仲基粉丝见面会的带动下，一直播的播放量飞速增长，达到1.6亿，点赞数更是高达3.6亿。在一次见面会上，同时在线观看的人数也非常多，达到350万人。借助宋仲基超高的人气，一直播不断刷新着直播行业的各项纪录。

一直播的人气增长十分迅猛，在推出后不到半年的时间里，就已经成为直播平台中的主流平台之一，这主要归功于明星们强大的粉丝基础和影响力。

除了宋仲基之外，在一直播露脸的明星们还有很多："国民闺女"关晓彤、"火华社长"刘烨、"华妃娘娘"蒋欣、"微博女王"姚晨、"人气歌手"李宇春、"周公子"周迅、"国际李"李冰冰……一大票明星的加油助威，让一直播承包娱乐圈的事情声势浩大人尽皆知。

从一直播上线至今，已经有300多位明星在一直播和网友们见过面了，并且在今后还会有更多的明星来到一直播。有众多明星助阵，一直播风头强劲。

一直播能有如此强大的明星号召力，让平时忙得不可开交的明星们特意抽出时间来做直播，源于它和微博有着千丝万缕的联系。一直播可以直接和微博连接起来，明星们的直播信息会自动在微博上面显示，粉丝们除了在一直播观看之外，在微博上也可以直接观看。

正因为有了微博的强大支援，一直播和明星之间可以说没有距离。其他平台请明星是一件十分困难的事，而一直播只要将微博上的明星们引流过来就可以了，具有得天独厚的优势。

二、公益正能量走起来

公益活动一直都是备受关注的，而一个平台要想发展得更好更长久，一定要充满正能量。在飞速发展的同时，一直播特别注重公益事业，这就让它的形象更好，也让它的号召力变得更强。

一直播曾与"免费午餐"和"微公益"共同举办"爱心一碗饭"的公益大挑战活动。这个活动通过明星们直播做饭或是吃一碗米饭，号召人们关注贫困山区孩子们的饮食健康。

活动一开启，就引来了无数明星的热烈响应。"微博女王"姚晨第一时间便参加了活动，随后众多明星蜂拥而至，"雨神"萧敬腾、"张天王"张杰、"张小妞"张馨予、"偶像剧女王"陈乔恩、"小马哥"马苏、"靓仔蓝"王祖蓝……

众多明星的加盟让这次活动产生了巨大影响，很快就为贫困地区的儿童募捐到100多万元，为贫困学生收集到32万多份午餐。

在收集到慈善捐款的同时，一直播平台也大火了一把。在不到两个月的时间里，累计观看人次就已经高达2亿5000万，点赞数量超过8亿，直播总时长190多小时，微博的话题浏览量也有15.4亿之多。

除了"爱心一碗饭"之外，一直播对公益活动的倡导从来都没有停止过。李连杰、马云等人都在一直播平台和网友们分享过做公益活动的事。

不仅风头强劲，而且关注公益事业，可以说一直播是名气和名声双丰收。

三、雅俗共赏，其乐融融

明星让一直播有了强大的吸粉体质，而最核心的直播方面，一直播也做得相当好。

一方面，一直播有官方机构的青睐。一直播成为联合国在中国的官方直播平台，全程直播了克里斯蒂娜在纽约联合国总部的"公开面试"。潍坊交警支队也在一直播和网友们分享了他们的执法过程。

  另一方面，一直播也非常接地气，对普通人的直播同样十分重视，比如一直播独家直播自媒体"新世相"策划的"逃离北上广"活动。这个没有明星的"4小时后逃离北上广"活动，取得了人们未曾预料的成功，瞬间火遍微博、微信等各个平台，成为刷爆网友们屏幕的现象级事件。

高颜值的直播平台——花椒直播

> 花椒直播，全球首创萌颜直播，创造最萌潮流。

花椒直播拥有非常强的各类直播技术，直播的内容质量也很好，可以说是一个具有将普通主播打造成明星主播实力的平台。

花椒直播主打的是年轻活力、时尚漂亮的风格，力图做一个"颜值爆表"的直播APP。它将目标用户锁定在"90后""95后"身上，但由于美颜方面做得好，还受到了很多"00后"们的喜爱和追捧。

花椒直播的版块内容十分丰富，有颜值、跳舞、户外、全站直播、小视频、精彩推荐、游戏直播、棋牌、脱口秀、唱歌、乐器、校园、星座情感等，可以说应有尽有。只要是有才艺、有颜值的主播，不愁在花椒直播找不到一席之地。

2020年上半年，花椒直播用户黏性约为32.9%，比去年同期提升27.97%。2020年6月，花椒直播月活用户涨幅超过两成，在泛娱乐直播平台当中名列前茅。

花椒直播平台的特色内容有很多，比如它的明星战略、自制节目、"融"平台等等：

一、明星战略

与以游戏直播为主的直播平台不同，花椒直播从一开始就有很强的明星属性，柳岩、华宇晨、王祖蓝、胡军、金巧巧、颜丹晨等都在此做过直播了。

花椒直播不但变成了明星们和粉丝沟通的全新渠道，也致力于打造普通网红、普通用户和网友之间更紧密的联系，努力将普通主播培养成网红明星。在直播平台遍地开花的时候，花椒直播算得上是打造网红最强力的平台之一。

二、自制节目

除了引入明星和打造网红之外，花椒直播还有很多别具一格的自制节目，这些自制节目的内容覆盖面非常广，喜欢体育的、喜欢相声的、喜欢明星的、喜欢选秀的……各种不同爱好的用户都能从这里找到相应的节目。如此丰富的节目内容，自然让花椒直播有了很强大的吸引力。并且，在网上做节目，主播和主持人的表现更为随意和接地气，受到网友们的格外喜爱。

三、"融"平台

"融"平台的推出，让花椒直播真正囊括了整个世界，把更多的内容呈现在网友们眼前。融平台是花椒直播与传统媒体、传统节目、网站等联合起来，打破媒体之间的固有界限，形成的一个兼容、多元化的大平台。这样一来，平台不仅仅是面向个人用户，也向企业用户敞开了大门，企业用户也可以在花椒直播。

花椒直播已经和途牛影视、百合网、型动体育、《华西都市报》《美丽俏佳人》等展开合作，共同推出了"直播+旅游""直播+健身""直播+综艺"等各种模式的合作。在让各种传统媒体和直播完美结合之余，花椒直播还努力带来更多的直播内容，比如直播环球小姐等各种大型赛事。

四、VR直播

花椒直播是最先在直播中引入虚拟现实技术的平台之一，很快就带起了一股VR直播的热潮。花椒直播的VR直播利用双目摄像头拍摄，然后利用手机陀螺仪数据与技术对图像进行更深入地处理，让用户体验身临其境般的3D画面效果。花椒直播利用渲染层畸变算法处理，带给用户更好的真实体验，避免用户产生太强的眩晕不适感。为了让VR直播使用起来更方便，花椒直播对它的网络传输以及客户端都做了相应的编解码优化处理，主播不仅在使用WIFI时可以做VR直播，使用手机的4G网络同样可以做VR直播。

五、脸萌技术

卖萌是主播们为了吸引粉丝眼球最常做的事，而脸萌技术则让主播们不再需要嘟嘴、剪刀手了，直接通过软件就把萌给卖了。利用人脸识别技术，脸萌技术可以直接将兔耳朵、皇冠、小猫咪等多种面部表情直接加在主播的脸上。这样一来，根据不同的场景氛围，主播就可以选择不同的表情，大大增强了直播的感染力。

六、美颜

美颜是主播们展现俏丽脸庞不可或缺的一个法宝。花椒直播在美颜这方面做得尤为突出，能极大程度地提高主播们的颜值，让主播们变得更加漂亮，在原有的高颜值上更上一层楼，使那些本来就有实力的美女主播们锦上添花。

七、变脸

除了戴帽子、戴皇冠、美颜之外，花椒直播还独家推出了变脸的功能，直接给主播戴上各种非常萌的面具，让主播萌出一片新天地。

为了让变脸的效果更好，细节更加逼真，花椒直播用其他平台所不具备的最先进的定位系统，对主播的眉毛、眼睛、嘴角等各种标志性的位置，共95个关键的特征点进行十分精准的检测和定位。于是，即便主播不断摇头做动作，面具也能在10毫秒的时间内闪电追踪到位，一点都不影响直播效果。

八、回放

花椒直播有强大的直播视频回放功能，有了这个神奇的功能，用户再也不用为错过了精彩的直播内容而遗憾了。

九、省流量

花椒直播还对视频进行独特的压缩处理，让主播和用户都节省了流量，对使用者显得倍加贴心。

十、云储存

花椒直播的视频可以直接传到云储存中，大家再也不用担心手机的存储空间不够用啦！

各路明星倾情加盟、强大的技术支撑、独具特色的各种版块以及和其他媒体的跨界合作……花椒直播以各种方式彰显着自身的强大。无论从哪方面来看，花椒直播都会有一个很好的发展前景。

第五章 靠实力秒变人气主播

直播越来越火,做主播的门槛也越来越低,似乎人人都可以做主播,但是要想成为网红主播却并不容易。不过,只要有足够的实力和技巧,秒变网红主播也并非不可能。各行各业都有自己的门道,做主播也是如此。

选择合适的平台

直播平台那么多，要做主播，首先要选择合适的平台。选对了平台，事半功倍，选错了平台，则努力不一定能取得相应的回报。

虽说直播平台众多，但可以分为电脑直播和手机直播这两大类，其中每一种直播之下又可以再分出游戏直播和娱乐直播。

一、电脑直播

1.电脑游戏直播

电脑游戏直播即主播在电脑上玩网络游戏或单机游戏，通过直播平台直接呈现给观众。做电脑游戏直播，主播首先考虑的平台是以游戏直播起家的那些平台，比如斗鱼、虎牙、龙珠等。在直播的过程中，主播可以向观众解说游戏，讲述技巧方法，或者只是单纯地将自己玩游戏的经过展现出来，让观众同样获得游戏体验。

做游戏主播，自己要有比较丰富的游戏经验，游戏玩得比较好，这样才能让观众有围观"大神"的感觉。不过也有没有游戏经验，作为"菜鸟"探索玩游戏，和观众们一起从"生手"到"熟手"的主播。但是，这种逐渐在游戏中成长的主播，需要有很好的口才，能够在直播时找到各种有趣的点，带动观众的情绪，吸引观众继续看下去。

主播还需要注意玩网络游戏和玩单机游戏，带给观众的体验感是不一样的，与之相应的，直播时的侧重点也应该有所不同。网络游戏偏重主播的操作技术，直播时可以附带搞笑的元素；而单机游戏，则需要主播注重攻略以及各种新鲜的探索和尝试，好玩有趣非常重要，技术则在其次。

2.电脑娱乐直播

电脑娱乐直播是主播通过直播平台，在电脑前和网友们聊天、表演节目、展现个人才艺等。

做娱乐直播，首先要求主播具有较高的"颜值"，尽可能打扮得青春靓丽，这样在无形中增强自身吸引力。其次，主播还要多才多艺，最好唱歌、跳舞、乐器样样精通，这样就不愁没有和观众互动的方式了。另外，主播一定要有很好的沟通能力，在表演之余和网友们聊得越好，吸粉能力也就越强。

二、手机直播

智能手机的系统越来越强大，运行速度越来越快，摄像越来越清晰，相应的，人们对手机直播也越来越喜爱。与此同时，各直播平台也纷纷开启了手机直播模式，有些直播平台甚至是以手机直播发家，之后才引入电脑直播的。

手机直播有电脑直播无可比拟的便捷属性，无论在什么地方，只要拿出手机，就可以做直播。它让更多的主播走出直播间，在大街上、田野里，在更广阔的空间给观众们做直播。主播们在日常生活中遇到好玩的事，或者突然心血来潮，随时都可以拿出手机，给大家直播一段。

1.手机游戏直播

在智能手机各项技术高速发展的同时，近几年手游行业也发展得异常迅猛，各种手机游戏一个接一个，让人眼花缭乱。

手机游戏直播受到众多手游爱好者的喜爱，很快发展成游戏直播里一个重要的分支，在各直播平台都有了相应的专区，并且排布在最显眼的位置。尤其是游戏《王者荣耀》大火之后，手游直播甚至有超越网游直播，成为最火游戏直播方式的趋势。

2.手机娱乐直播

手机娱乐直播和电脑娱乐直播差不多，但比电脑娱乐直播更具优势，因为手机娱乐直播可以随时随地进行直播，受到的限制非常少。做手机娱乐直播，要充分利用手机直播的便利性，努力呈现给观众更多新鲜的直播内容。

明白了直播平台的分类之后，就大体确定了要选择的直播平台方向，接下来就是最终确定在哪个平台直播了。

如果你选择一个已经成长起来的大平台，那么就需要和成千上万的主播竞争，最后可能还达不到理想的预期，上升的空间极为有限；如果你选择一个正在成长的平台，会受到平台的重视和热捧，可能会和平台一起成长，并成为平台的重要主播，但也有可能因为平台不温不火，而赚不到钱。

三、选择合适平台的因素

主播要选择一个合适的直播平台并非易事。通常选择直播平台，要从多方面的因素综合考虑：

1.平台的用户数量

平台的用户数量是判断一个平台是否受欢迎最直接的标准，但是有些平台的人气可能存在不小的水分。可以看看平台比较火的主播们拥有多少关注量，再对比其他平台的主播有多少关注量，从而得出结论。

且不能单纯只看用户数量的多少，还要考虑到平台拥有主播的数量。有些大平台虽然用户数量多，但同时主播的数量也多，有的平台甚至有几百万个主播，这样平均到每个主播身上，用户人数就没有多少了。

因此，要根据平台和自身的情况合理分析，不要只看一方面的数据。

2.平台大部分主播的收入状况

根据平台大部分主播的收入情况，就能确定自己大概可以达到的收入水平。人气极高或人气极低的主播可以不去考虑，多看看处在中游水平的主播，他们的收入一般可以代表平台主播的平均收入水平。

还需要注意的是，不要只看主播们收到了多少打赏、礼物，还要根据平台公布出来的兑换比例，算一下主播们的具体收入是多少。

3.平台用户的消费率、消费水平

光有用户是不够的，还要看平台的用户消费率高不高，消费水平高不高。有的平台虽然用户多，但真正肯为主播花钱的人却很少，到头来主播依旧赚不到钱。而有的平台用户数量虽然较少，但是肯花钱的用户却很多，主播们也能赚得盆满钵满。

4.用户的流动性

用户流动性也是需要考虑的因素之一。有些平台的用户流动性太大，粉丝流失情况严重，主播辛辛苦苦吸引来的粉丝，根本经不住这种流失。

还需要注意平台的新增用户多不多，如果新增用户太少，就说明平台正在逐渐走向衰落。

5.平台的薪资情况

不仅大部分主播的收入情况需要考虑，平台的薪资情况也需要重点分析。有些平台没有底薪，如果主播没有人气，根本挣不到一分钱；有些平台的底薪比较低，主播要想赚钱，必须更多地依靠粉丝们的打赏；有些平台的底薪较高，只要主播能够按时按量完成直播，不管粉丝多少，都可以拿到一笔可观的保底薪资。

不过无论是哪个直播平台，平台给主播的薪资，肯定是和主播创造的价值成正比的。因此，说到底，只有主播认真工作，认真吸粉，才有可能真正赚到钱。

6.平台的优势点

平台的优势点应该和自身的优势相匹配，这样才能达到强强联合的效果。当然，这要求主播先对自己的优势有明确认知，然后才能根据自己的定位选择与自身特点最合拍的平台。

背靠公会好乘凉

主播们在线下做活动时，往往会成群结队，很多人一起亮相，这样才能有更轰动的效果，收获更多的关注。实际在线上也是如此，主播们早就告别了早期单打独斗、各自为战的状态，纷纷加入公会（所谓直播公会是指各大直播平台中的大型合作运营公司，通俗一点就是代理商的意思），成为有团队可依靠的人了。从市场的客观情况来看，当前主播行业激烈竞争，个人存活下来非常不易，加入"公会"是生存下去的重要一步。

主播们要想成为大网红，只靠自己的力量还远远不够。公会、家族等各种组织，就像娱乐明星们的经纪公司一样，是主播们的经纪公司，在主播成长为网红主播的过程中，它们能发挥不可忽视的巨大作用。

通常情况下，公会有自己一整套培养、包装、推广主播的体系，能够给主播带来更好的发展。主播们发展得好，相应的，公会知名度也会提高，从而让更多的人加入公会，于是公会也就能赚到更多的钱。

一、加入公会与不加入公会的区别

不入会，主播就像自由职业者一样，不用每天按时上下班，什么时候想开直播就开直播，想直播多长时间就直播多长时间。但这样的坏处就是容易养成懒散的习惯，同时也不利于提升个人能力。

加入公会，主播会失去一些自由，需要按时按量地完成直播，穿衣打扮都要符合标准。但好处是，有了公会的支持和宣传，主播更容易提升人气，工资也更高、更有保障。

二、公会的三步走

1.招兵买马

公会通常会以网络招聘的方式招募主播，包括在各大网站发新闻、各大贴吧论坛发帖等。除了在网上招募之外，有的公会会不定期在大学里寻找有网红潜质的人进行培养。另外，如果一些主播没有加入公会，自己打拼出了一些成绩，公会也会主动找到主播，邀其加入。总之，公会会想尽一切办法，把分散的主播们聚集起来，让自己发展壮大，也让主播们有组织可以依靠。

2.专业训练

做主播需要有多方面的能力，没有做过主播的人不可能一上来就做好，必须经过专业训练。主播与公会签约后，就不用担心这一点了，公会会对主播们负责到底。

公会有培养主播的全套系统，在主播们开始直播之前，都会进行非常到位的培训。如果是新人主播，通过培训能够掌握做主播的关键要诀，如果是已经小有名气的主播，经过培训能让自己具有更高的专业素养。

做主播最重要的两点，一个是获得不离不弃的铁粉，另一个是赢得更多观众的喜爱。公会会围绕这两点，教主播很多非常实用的技巧，比如培养主播的高情商，教给主播与观众们聊天的最好方法，帮助主播学会自我营销的技巧。

另外，主播自身的素质也是非常重要的，所以公会还会对主播们进行才艺方面的专业指导。有些主播有令人惊艳的外貌条件，但是才艺平平，有的甚至什么才艺都没有。有些主播虽然有一定的才艺，但没有经过系统、专业的学习总是还差那么点意思。公会就会找来专业的舞蹈老师、声乐老师，传授主播们更多专业的知识和技能，让主播们真正变成唱歌、跳舞样样精通的高手。

如果公会的实力比较强，还会聘请专业的服装设计师和造型师，根据主播的直播内容及主播个人的气质与特点，为主播量身打造属于主播自己的造型等。

3.包装热捧

经过一段时间的培养之后，主播们就有了充分的资本和其他主播竞争了，于是公会便会给主播选择一个好的平台，做好主播们坚实的后盾，对主播进行包装和热捧。

主播们都有自己特定的风格，根据不同的风格选择更适合自身的平台，对将来的发展会更加有利。各个直播平台的特色以及面向的观众群体都有一些差别，在选择直播平台时，公会会综合考虑各种因素，为主播选择一个最合适的直播平台。

选好了直播平台之后，公会将充分利用自身的力量，对主播进行包装和热捧，比如给主播点赞、点关注、做宣传等。主播们自己势单力薄，最初的粉丝积累是最不容易的，有了公会的帮助，就能容易很多。

很多公会和直播平台之间有战略合作的关系，当主播在直播期间遇到问题，自己又难以解决时，有公会帮忙就不用太担心了，公会在此时会发挥出它强大的力量，帮主播渡过难关。

三、如何选择公会

加入公会有很多的好处，但首先要会挑选公会，只有合适的公会才会对主播的发展有利。

在选择公会时，不要一味挑选那些比较出名的大公会，因为大公会的人数众多，新人主播在里面很难获得重点培养的机会。有些大公会已经有了特别出名的网红主播，会将更多资源用在这些当红的主播身上。

选择公会，首先要根据自己的特点，选择符合自己发展方向的公会。这个公会不一定要多大，但一定要有潜力，即公会愿意花大力度包装和捧红主播，确保资源能够分配到新人身上。最后要确保公会许诺的各种待遇不是虚假的，确保公会有力捧新人的态度和决心。

四、签约的注意事项

在和公会签约时，主播们要擦亮双眼，以防被忽悠。

1.要了解公会的真实性，在网上搜索公会相关信息，并在工商局的官网查证，确保它是正规的公会。

2.要对签约的时间有清晰的认识，根据自己的需求做出选择。通常主播和公会签约的时长在1~3年之间。假如想把主播当作长期的职业坚持下去，时间可以签长一点；假如只是短时间内尝试一下，就不要签太长时间。由于现在的主播越来越多，主播跳槽也成了普遍现象，公会和主播签约的时间通常为1年。

3.在签约时，要详细阅读违约条款，如果违约后需要付出的代价太大，就要更加慎重地考虑清楚。

4.在签约时对权利和义务等方面内容要认真阅读和考虑。毕竟今后一年这些都是和自己息息相关的，要确保这些条款不会过分限制自己的发展。

最后，薪资也要看清楚。有些公会有底薪，有些公会没有底薪，根据自己的情况做选择。

高颜值助力直播

俗话说"只有懒女人,没有丑女人",女主播只要懂得如何打扮自己,都能变身成为"高颜值"的美女。不仅是女主播,男主播也要懂得打扮自己。

不过对主播来说,"高颜值"并非完全是打扮出来的,更关键的还在于摄像头、灯光、背景等各种因素的处理。观众在看直播时,主要是通过镜头看到主播,所以主播们要想真正拥有高"颜值",只会化妆打扮是远远不够的。

一、选择好的摄像头

摄像头可以说是主播最重要的设备,主播能不能把最完美的一面展现给观众,全在于摄像头的功能强不强大。摄像头拍摄的画面清晰并能美化画面,能让主播的"颜值"大大提升;摄像头拍摄的画面模糊不清并且不能对画面进行美化,反之会让主播的"颜值"严重受损。

"工欲善其事必先利其器",买个好的摄像头是很多主播都明白的事,但在网上搜索一下就会发现,摄像头的种类繁多。其实,现在市面上的摄像头一般可以分成两种:红外线摄像头和高清摄像头。通常,为了能够更完美展现自己的靓丽容颜,资金比较充裕的主播会选择高清摄像头。但实际上,好的红外线摄像头和高清摄像头的效果差别并不是很大,如果对摄像要求不是很高,红外摄像头完全够用了。好的摄像头虽然贵了一点,但它是主播聚集人气的关键，绝对值得主播多投入。

二、摄像头的位置

除了摄像头的质量之外，摄像头摆放的位置也非常重要。同样的事物，从不同的角度去拍摄，会得到不同的效果。

正如很多人自拍时会以抬头45°仰望天空的角度拍摄，以达到瘦脸的效果，摄像头也可以从上方以30°角拍摄。这样不但可以让主播的脸型得到美化，还可以给观众一个最适合观看的角度，提升观众的观看体验。

如果不注意摄像头的位置，直接把摄像头随便往桌面上一放，甚至让摄像头从下面"仰视"主播，那观众看到最多的部分就是主播的下巴，观看体验感一定不会好。

在实际操作时，主播若是用手机拍摄直播，要将自拍杆上的手机举到比自己眼睛略高一点的位置，若是在电脑前直播，就在直播开始前事先将摄像头位置调整好，让观众们享受最佳的视觉效果。

三、灯光要调好

直播时，主播外貌的呈现效果如何，和灯光也有十分重要的关系。

首先主播一定不要背光，一定要让光线从正面投射到脸上。有些主播会在晚上观众有闲暇时间时开直播，所以室内自然光线是不够的，需要借助灯光。除了确保灯光从正面投射并且充足之外，还要注意光线不要太强，不能让人产生炫目感，应该柔和一些。

通常主播的直播间时有两种灯光，一种是主灯发出的光，另一种是补光灯发出的光。

1.主灯

直播间通常不会很大，直播间的主灯只需要一盏LED灯就足够用了，当然，如果对LED灯的效果不满意，主播可以在直播间里布置一些灯带，这样可以让效果变得更好。

2.补光灯

补光灯可以起到辅助作用,根据直播间内实际的灯光情况进行亮度调节,让灯光效果达到最好。因此,补光灯应该选择那些可以对光源亮度进行直接调节的灯,功率可以适当大一些,以满足各种需求。

补光灯应该从主播身后投射到前面的墙上,如果想要制造一个软光的效果,让主播整个人看起来更加柔和,还需要用到反光板。

3.灯光的冷暖

冷光和暖光带给人的感觉是不同的,直播间的光要根据不同情况来选择合理的搭配。

四、背景要做好

主播并不是长得漂亮就行了,还要依靠众多条件的共同包装。直播间的环境,尤其是会长时间占据直播屏幕后方空间的背景,更是重要。主播如果选择一个可爱风格的背景,在身后摆上布娃娃、卡通玩具等装饰品,这样主播也会显得可爱起来。

背景最好符合直播内容和主播个性,至少要做到背景干净,让观众看了不会生厌,这样才能给观众留下好的印象。假如在外面直播,没有条件让背景布置精美,可以选择用一块幕布或是带图案的帘子来做背景。但是,不管选择什么样的背景,一定要尽可能避免使用太单调的背景,否则会让主播看起来太"寡淡"了。

五、平时多学习,扩展眼界

主播本身的气质也很关键,气质好了,整个人就会显得更加优雅,吸引力也会成倍提升。

"腹有诗书气自华",主播们在做直播之余多读读书、多学习,也会在不知不觉中提升自己的气质。

穿衣打扮很重要

"人靠衣装马靠鞍",穿衣打扮对每个人来说都非常重要,对"靠脸吃饭"的主播来说更为重要。主播在视频中和观众们见面,主播是否形象好、气质佳,是否能吸粉,和是否会穿衣打扮脱不开关系。

一、首饰、衣领和脸型要协调

1.首饰和脸型的搭配

如果是鹅蛋脸,基本上可以搭配各种首饰,根据个人喜好来选择就可以了。

如果是脸型略长的椭圆脸,可以选择用短一些的项链来中和一下。

如果是圆脸,就要尽量避免佩戴太圆的首饰和贴颈式的项链,否则会给人一种"圆上加圆"的感觉。圆脸的人要选择长项链和长一点的吊坠,这样能让整个人显得更加协调。

如果是方形脸,则要用圆滑一点的首饰,比如椭圆形的项链、水滴形的吊坠等。不要佩戴方形、三角形等棱角分明的首饰,否则会显得整个人浑身上下都是方的。

如果是瓜子脸,要选择圆的首饰,平衡尖下巴,给人整体协调的感觉,比如可以佩戴短一点的项链、圆形吊坠等。同方脸一样,不要佩戴方形、三角形等棱角分明的首饰,否则会和尖下巴冲突。

2.衣领和脸型的搭配

和首饰一样，如果是鹅蛋脸，对衣领的要求不多，主播可以根据自己的喜好随意搭配。

如果是长脸，要选择平一些的衣领，比如一字领、方领等。这样，在视觉效果上可以中和长脸带给人的感觉。

如果是圆脸，要选择显得长一些的衣领，这样能够在视觉效果上起到一种将脸拉长的感觉。

如果是方脸，要选择线条圆一点的衣领，这样能够让脸部轮廓显得柔和一些。

如果是瓜子脸，要选择圆领或小翻领等圆润一点的衣领，这样能平衡尖下巴带来的消瘦感觉。

二、衣服的颜色要和季节相符

在不同的季节，人们的心情倾向往往会有所不同，主播所穿服装的颜色也要和季节相符，特别是对于那些做室外直播的主播们，这一点更加重要。

春天是生机勃勃、欣欣向荣的季节，主播的服装也应该带给观众积极与活力的感觉，可以选择淡绿色、淡黄色、粉红色等颜色的服装。

夏天是骄阳如火、心情比较浮躁的季节，主播的服装应该带给观众清新、清凉的感觉，可以选择淡蓝色、淡灰色、白色等颜色的服装。

秋天是收获的季节，也是天气渐渐转凉的季节，主播应该带给观众成熟、温和的感觉，可以选择红色、橙色、黄色等颜色的服装。

冬天是最寒冷的季节，如果下雪，周围更是白雪皑皑的一片，主播要带给观众温暖的感觉，所以要穿深色的或是暖色的服装，比如黑色、橘黄色等。

三、衣服的颜色要和性格、肤色相协调

不同的性格有不同的匹配颜色，不同肤色的人也要选择与其搭调的服装颜色。

关于性格和服装颜色的搭配，总体可以总结为：

如果个性沉稳，可以穿颜色淡雅的服装；

如果个性活泼，可以穿颜色鲜亮的服装。

这样穿衣更能彰显性格特点。因此，主播要了解自己的性格特点，并且根据在具体某次直播中计划表现出来的性格，合理选择服装的颜色。

假如主播想变换一下风格，带给观众们不一样的体验，也可以选择和自己性格特点相反的服装颜色，起到中和和压制的作用。这样一来，看惯了以往风格的粉丝们，可能会眼前一亮，耳目一新。

肤色也是选择服装颜色的一个重要因素，主播们选择的服装颜色要与自己的肤色相协调，否则会让观众产生极不适应的感觉。

皮肤白皙的人，穿衣服几乎是百搭的，只要自己穿出来好看，穿什么颜色的衣服都可以。

肤色偏黄的人，可以选择穿粉红及浅紫色的衣服，这样能显得更加自然。

肤色比较深的人，可以穿茶色、咖啡色等颜色的服装，这样可以让肤色显得稍微白一些。

四、衣服的图案要和性格、体型相协调

衣服上的图案也是非常有讲究的，一定要和主播本人相匹配。

从性格方面来说，如果主播的性格比较活泼，可以穿印有卡通图案或是流行元素图案的衣服；如果主播的性格比较沉稳，可以穿图案较少，看起来整洁朴素、风格简约的衣服。

从体型上来看，如果主播身材较瘦，可以穿图案偏横向的衣服，让整个人看起来丰腴一些；如果主播身材较胖，可以穿图案偏纵向的衣服，让整个人看起来苗条一些。

当然，选择衣服的图案，还要根据实际情况来定。在直播时，为了达到特定的效果，就要选择有特定图案的衣服，这和明星的粉丝们参加活动时会在衣

服上印上特定的标志和文字是同样的道理。

五、服装颜色搭配技巧

服装颜色搭配合理，能带给观众和谐的感受，是一种非常好的视觉享受。服装的颜色搭配要注意以下几点：

1.把握基调

一套服装整体以什么颜色为主，这一点要把握住。主要的颜色作为主色，面积要大于其他颜色，另外，其他颜色不要太过混杂。

2.颜色要协调

如果一套衣服中有一种特别深的颜色和一种特别浅的颜色，那么应该找一个中间色来过渡一下，这样才能达到和谐的效果。

3.上装和下装颜色相匹配

上衣和裙子、裤子等颜色一定要相互匹配，这样才能给人浑然一体的感觉。如果颜色相互冲突，会让人觉得主播的整体穿搭像是生拼硬凑。

六、穿着要符合规定

根据《互联网直播服务管理规定》，主播们的穿衣打扮是有特定标准的，不能逾越这个标准。

得粉丝者得天下

得粉丝者得天下，这几乎是每个主播都明白的事，但并不是每个主播都能得到众多的粉丝。粉丝都是逐渐积累起来的，尤其是真正的铁粉，需要花费时间慢慢培养，并且还要用到很多技巧。

主播千千万，粉丝们为什么偏偏要为某个主播花钱呢？一定是这个主播有与众不同之处！其实，那些拥有千万粉丝的网红大主播们，往往都有各自的奇招。

一、特色成就未来

做主播，没有特色就等于"慢性自杀"，平平无奇早晚会被淹没在众多主播当中。

仅仅有才华还不够，必须有自己的特色，才能吸引观众的眼球。

如果你有哪方面的特长，就要将这方面特长发挥到极致，做别人做不到的事，那才是真本事。

特色不局限于一个方面，任何方面的能力突出，并且有足以吸引人的点，就可以充分发挥。有了独一无二的特点，粉丝们才会逐渐集结起来。

二、户外直播吸引力大

在看直播的人当中，宅男、宅女占绝大多数，因此户外直播对他们的吸引力非常大。主播想要迅速吸粉，可以多进行一些户外直播。

在生活节奏越来越快的当今时代，人们平时工作非常忙，没有多少时间外出。这种现状使得户外直播附加了属性，具有更强的吸引力。再加上户外的风景本来就比室内要好，而且随着主播的移动，风景千变万化，观众的新鲜感不会轻易消失。这些都让户外直播成为主播吸粉的利器。

只要主播能承受风吹日晒的苦，就可以尝试用户外直播来聚拢粉丝。

三、线下活动

尽管粉丝们在直播间就可以和主播进行互动，但互动得再好，终究隔着屏幕，不如真人见面的互动效果好。想要拥有更多的粉丝，就要在粉丝互动上下功夫，不仅在线上互动，还要充分利用线下的活动。

多举办一些活动，和粉丝们在线下接触，比如生日会、粉丝见面会等。这样一来，粉丝们的归属感和凝聚力会更强，和偶像实际接触，也会让他们变成更忠实的铁粉。

除了自己组织线下的活动，还应该好好利用平台搞的一些线上、线下活动，只要有和粉丝们亲密互动的机会，就不要错过。

四、直播时的技巧

主播在直播时和粉丝们互动，主要是靠说话和才艺展示。话说得好能温暖人心，话说不好甚至一句无心的话也能让粉丝们寒心。这就要求主播说话一定要有技巧。当然才艺也是非常关键的，有的主播只聊天没有什么才艺，观众看几眼就离开了，无法转化为粉丝。

在直播时，当发现有新人进入直播间时，要表示欢迎。在欢迎时不要一个一个欢迎，这样即便进直播间的人少，也难免有疏漏，引起没被点名欢迎的观众的不满，如果人多，就更忙不过来了。无论是欢迎还是感谢，主播都要以众人为主体，说一些类似"欢迎大家""感谢大家的支持""谢谢所有的朋友"等覆盖面大的话。

只说话也不行，即便主播聊天技术特别好，最终还是要用才艺来吸引人，毕竟大家都是冲着主播的才艺来的。观众点进主播的直播间，说明主播有吸引他们的点，这个点通常是主播的才艺。在对新观众表示欢迎之余，要展示自己的才艺，才能留住观众，并把观众转化为粉丝。

除了表演才艺之外，还要注意观众们的留言，从而了解他们真正感兴趣的是什么，满足观众的需求。这种互动感，才是最能留住粉丝的利器。

五、真诚最动人

对主播来讲，真诚才是最能打动粉丝的。

套路也许能够得人心，但得到的人心不过是一时的，不会长久，只有真诚才能到永远。主播如果用套路收买人心，最终肯定会被拆穿，到时候不但掉粉掉得厉害，还会给主播带来极为严重的声誉影响，得不偿失。

主播无论做了什么事，无论是对还是错，一定要对粉丝们坦诚。这份真诚，粉丝们也一定能感受到。

在线时间要长

要想成为网红主播，每天的在线时间一定要长，这样才能保证有更多机会让观众看到直播，粉丝也会越聚越多。

有不少主播只是将直播当成可有可无的副业，并不太放在心上，什么时候直播、直播多长时间，没有具体的规矩约束，完全看心情。这种做法是不可取的，也不可能成为真正的网红主播。

直播时间短，观众们进入直播间的机会就少；直播时间没有规律，即便已经有了粉丝，粉丝们也无法按时收看直播。这导致主播很难有不离不弃的铁粉，粉丝也不会有太多增长的可能。

如果要做直播，就应该正视直播，将它当成一份正经的工作，有安排有计划。每天都要根据计划进行直播，并且在线时间越长越好。

在平时的日常生活中，人与人之间的感情是通过长时间交往培养起来的。主播们想通过网络直播和粉丝建立感情，当然也需要长时间的交流，而且花费的时间比平时生活中还要长。因此，主播在线时间长，除了能增加和观众们邂逅的机会，还是和粉丝培养感情的必要条件。通常情况下，主播和粉丝之间感情的深度，和主播的直播时长是成正比的。直播时间太短，和粉丝们接触太少，即便是再能说会道，再能和粉丝互动的人，也很难和粉丝培养出很深的感情来。

粉丝们和主播之间感情越深，忠诚度就越高，也就越愿意给主播送礼物。因此，那些直播时间长的主播，往往都有很高的收入，也更愿意延长时间和粉丝们互动交流。这就形成了良性循环，让主播有更强的动力去直播，也让粉丝们有更大的热情去为主播的直播买单。

"酒香也怕巷子深"，如果直播时长不够长，就相当于自己把自己藏了起来。这样，即便主播本身的才艺很好，各方面也都很优秀，但观众看不到，也就无济于事。

不但观众在乎主播的直播时长，公会也非常在意这一点。主播在加入公会以后，可以获得公会的资源和各种支持，但是这也要求主播表现得足够专业，能够按时、按量做好直播。公会肯定会优先扶持那些在线时间长的主播，而在线时间太短、上线时间不规律的主播，即便本身很优秀，公会也不会花太大力气去包装和力捧，因为无法保证"量"，也就没有稳定的商业价值。

真正想做好主播，绝不能"三天打鱼两天晒网"，要有决心和毅力，坚持每天都把直播做下去，并保证每天的直播时间足够长。只要足够积极，在线时长有保障，即便才艺不是特别突出，也会收获不少粉丝，而且公会也愿意去扶持这种勤奋的主播。

天道酬勤的道理放在任何领域都适用，尤其是在主播行业，更加适用。主播是一个可以用时间换机会的工作，勤奋绝对可以弥补很多缺陷，让主播一步步走向成功。想一想，当粉丝们每次累了想看看直播放松一下，或者心情不好想和主播聊聊天时，进入直播间，每次都惊喜地发现主播正在直播，那份喜悦肯定能让他成为铁粉。

那么主播每天在线多久比较好呢？

如果下定决心要做主播，当然是做一个全职主播最好，每天的在线时间保持在8小时左右,这是最好的直播时长。这样一来,做主播和上班是一样的,主播只要安排好时间,坚持下去没有太大的问题。一个月下来200多小时的直播时长,肯定能积累不少的粉丝。

如果将直播当成副业,在下班之后做直播,那么最好每天的直播时长不少于2小时,如果少于2小时,直播的意义就不大了。利用每天晚上8点至11点的时间做直播,大多数人还是可以做到的。这样一个月坚持下来,时长也不少。

主播的直播时长和主播的粉丝数量、收益往往成正比,真想做一个好主播,就一定要保证直播的时长。只要直播时长有保证,主播迟早能闯出属于自己的一片天。

第六章 06 直播应遵循内容为王

直播要想做得好,最重要的就是内容。如果没有内容,只是靠主播插科打诨,这样的直播是无法赢得观众喜爱的,也是不能长久的。打造优质的直播内容,不是凭主播简单的头脑一热就能做到,它需要更具体的、可实施的方法。

直播之前先确定自己的内容方向

观众看直播，看的主要是内容。优质的内容对人们的吸引力是最强的，主播应该以优质的内容去吸引人。因此，要想成为一个好的主播，首先要做的就是确定自己的内容方向。这样才能够在根本上不迷失方向，不丢掉自己最核心的直播内容。

确定自己的内容方向，主要是看两个因素：一个是自己的喜好，一个是观众的喜好。

主播想要把直播做好，就应该做自己喜欢的内容，这样才能对这些内容有持久的热情。否则，时间久了，新鲜感消除，剩下的就全是枯燥乏味的感觉了。在主播对自己直播的内容心生厌烦时，是很难将直播做好的。因此，为了避免出现这样的情况，在刚开始直播时，就应该选择一个自己喜欢的内容来直播。

直播的内容是自己喜好的，这当然是好事。因为喜好所以热爱，因为热爱所以就能做好。但是，观众的喜好也不可以忽视。如果你的喜好比较偏，观众并不喜欢看，那么即便你把内容做得很好，也不一定能够火起来。有些做小众内容的主播，也能拥有自己的一席之地，但和做大众喜欢的内容的主播相比，那毕竟是很少的一部分，而且也无法像做大众直播内容的主播那么火。

在选择自己直播的内容时，根据自己的喜好和观众的喜好，权衡利弊之下，选择一个合适的内容。能做到自己喜欢，观众也喜欢，这是最好的，如果做不到这样，选择一个观众喜欢，自己也不讨厌的内容，也是能够接受的。

需要注意的是，观众喜欢什么样的直播内容，可能并不是观众一开始就清楚知道的。正如乔布斯所说："消费者并不知道自己需要什么，直到我们拿出自己的产品，他们就发现，这是我要的东西。"所以，也不要看一些直播的内容少，就觉得没有市场。在确定一个直播内容是不是观众喜欢的内容时，还是要用更具有智慧的眼光去看待。

李子柒是一位美食主播，她的美食视频独具特色、与众不同，具有古风特点和乡土气息，彰显了中国传统美食文化的底蕴。当很多美食主播以"吃得多""吃得香"为直播内容，以观众看了"下饭"为目的时，李子柒却换了一种思路，通过美食制作，让观众感受到中国美食文化的清新怡人，堪称美食主播当中的一股清流。

和很多同类视频相比，李子柒的美食视频具有更高的格调和更深层的内涵，同时也带给观众更多美的享受。因此，她的视频很快受到网友的喜爱，并广泛传播，李子柒也成了拥有众多粉丝的网络红人，并被人们熟知。

2019年，李子柒成为成都非遗推广大使；2020年，李子柒入选《中国妇女报》"2019十大女性人物"；2021年，李子柒YouTube订阅量达到1410万，刷新了由她自己创下的"YouTube中文频道最多订阅量"的吉尼斯世界纪录。

当很多美食主播以"吃饭"为直播内容时，李子柒却以"做饭"为视频的主要内容，通过美食制作的过程，展现出中国的美食文化。换个方向，可能会做出更受观众喜爱的视频，这一点在李子柒这里展现得淋漓尽致。

因此，在选择直播内容时，应该多思考，慎重考虑。

网友的偏好是直播内容的航标

在直播之前,先要确定好直播的内容。但是,并不是做出选择之后,就能一劳永逸,不需要再有变化了。在直播的过程中,还要根据网友的偏好,来调整自己的直播内容。因为,网友的偏好就是直播内容的航标,网友喜欢的内容才是保证直播受到关注的核心。

能够抓住网友的偏好,其实就已经离直播成功不远了。那么,网友的偏好是什么呢?

一、新鲜

网友偏爱新鲜的事物和内容。这一点很好理解,因为每个人都有好奇心,都喜欢新鲜的事物。

当网络上流行一个"梗"或者一个段子时,主播跟一下风,也会让人感觉到亲切。

有人认为跟风是一种"俗"的表现,这种想法并不正确。人们谈话,是要寻找共同语言的。大家看直播,其实也是在寻找共同的语言。当主播就流行的内容与大家探讨时,大多数人会感觉到亲切而不是反感。

因此,无论大家感觉新鲜还是已经听过了,效果都不会太差。主播要多了解网络上的新鲜内容,在和大家聊天时多用新潮的语言,这样就能给观众带来更好的感觉。

二、有趣

一个无趣的人，通常不会受到大家的欢迎。主播要想拥有更多的粉丝，受到更多人的喜爱，就要让自己变得有趣起来。

玩游戏的主播，如果游戏技术不是很好，就应该多在玩游戏时搞一些花样，让观众看了觉得有趣。还可以自己调侃自己的游戏技术，让大家一笑而过，不再追究游戏技术差的问题。唱歌的主播，如果歌唱得不是很好，就可以在唱歌之余多和大家聊聊天，在聊天时多聊一些有趣的事情。这样，即便唱歌水平不高，也能吸引很多观众。做发布会直播或者其他直播，也是同样的道理，多做一些有趣的内容，观众会更加喜欢。

在快手上，有一个做直播的主播，其直播的内容主要是自己养狗的日常。拉布拉多在主播的训练下非常听话。在主播直播的时候，狗狗总是做很多有趣的事情，让观众捧腹大笑，因此，他的直播受到很多人的喜爱。

比如他会和狗玩游戏，让狗像打地鼠一样吃从洞里伸出来的香肠。他把一个纸箱戳好多洞，手从纸箱里面伸进去，然后让香肠从洞里伸出来，然后让狗吃香肠。他会快速移动香肠，让狗很难吃到香肠，逗得观众哈哈大笑。

有趣的内容没有人会拒绝，让直播有趣起来，观众自然就多了。

三、真实

观众喜欢的是真实的直播内容，不要试图以"演"出来的剧情去欺骗观众，那样只能让观众产生反感。真实的情况即便没有那么美好，但真实的直播内容却更受到网友的欢迎。不要为了直播效果而做不真实的直播，那样只能有一时的快意，失去的却是网友的信任和喜爱，得不偿失。

怎样做趣味性强的直播内容

网络直播之所以受到很多人的欢迎,和它的趣味性有很大的关系。传统的视频节目,往往都是一板一眼、一丝不苟的。直播则不同,因为主播需要面对面地和观众交流,正因为直播有趣且通俗易懂,所以它才被那么多人喜爱。

那么,主播怎样打造趣味性强的内容呢?

一、内容丰富一些

要做有趣味性的内容,首先可以从更加丰富的内容入手。每个人对有趣的认知是不一样的,有的人可能觉得幽默的段子有趣,有的人可能觉得生活中的一些细节有趣,有的人则觉得小动物有趣。让直播的内容丰富起来,就能吸引不同的人,让不同的人感受到它的趣味。

当一个主播所做的内容丰富,他不需要每一个方面都做得特别好。有一个主要的直播内容,然后其他内容只是简单涉及,就已经足够吸引观众了。

二、形式多一些

直播的形式有很多,秀场直播、活动直播、体育直播、游戏直播、野外直播等。不同的直播能够带给人不同的乐趣,让形式更多样化一些,就能够让直播变得更有趣味性。

有的主播一般在自己的直播间里直播,有时偶尔出差,在酒店里直播一下，让观众看一看酒店的房间格局，也会很有新鲜感。还有参加活动时，在活动现场做直播，也能给人不同的感受。主播偶尔还有可能边逛街边直播，同样让人感觉很有趣。

换一种形式，也会带给人不一样的感觉，让人觉得更有趣。

三、语言幽默一些

语言幽默其实是增强直播趣味性最重要的一点。因为有趣的行为总是不会有太多，有趣的故事总会让人听腻，但是如果语言幽默，却能够永远给人有趣的感觉。能够做到语言幽默，是真正的智慧，是一个人根据当前的环境，在语言上随机应变的结果。

能够做到语言幽默，让幽默成为交流中的常态，那么整个直播的过程都会轻松愉快。观众在看直播时，就不会觉得沉闷。

这就像是在听老师讲课时，一个语言幽默的老师，听他讲课让人觉得非常轻松，还能够在轻松中学到知识。而另一个说话一丝不苟的老师，可能他讲课的内容也很好，但就是让人感觉非常枯燥。如果在这两个老师之间做选择，相信大多数人都会选择那个幽默的老师。

直播不是听课，观众一般只是为了娱乐和放松，所以，观众更会选择一个语言幽默的主播。

四、风格变换多一些

带给观众趣味性，还可以从变换风格入手。主播往往带有自身的独特风格，比如有的主播颜值高，有的主播比较搞笑，有的主播知性优雅，有的主播沉稳大气。观众一开始都是被主播的气质所吸引，观看主播的视频，最终成为主播的粉丝。可是，时间久了，观众难免会有审美疲劳。

主播偶尔变换一下自己的风格，可以带给人不同的感受，通过这种反差，产生有趣的感觉。

单一的风格会让人产生审美疲劳，主播偶尔变换一下自己的风格，会带给大家不一样的感受，产生有趣的感觉。

能和网友互动的内容才是好内容

主播应该多和网友互动，这样才能让网友感觉到亲切，并吸引网友的关注，将普通网友转化成粉丝，将普通粉丝转化成铁杆粉丝。总之，互动的作用非常强大，一个好的主播，总是特别注重和网友的互动。而要和网友互动，不能空口白话，要用互动性强的内容与网友互动。

网友在网上浏览网页、看视频节目或者做其他事情，都是渴望发出自己的声音，同时也渴望和别人互动。所以，现在人们在网上看视频，都喜欢发一些弹幕，这就是渴望互动的表现。有的人甚至看视频就是为了看大家发的弹幕，并认为弹幕比视频还好看、还有趣。

传统媒体时代，观众都是被动接受，不能发出自己的"声音"。网络让人们有了可以发出自己声音的可能。直播的一个优势，也在于此。在直播时，网友可以用弹幕和主播互动，还可以送主播礼物来支持主播，这些都是互动。

网友渴望发声、渴望互动，因此主播和网友互动，就能够让网友感到非常爽快，让网友爱上观看直播。在互动的同时，网友能够得到情感的共鸣，这就是一种更高层次的精神享受了。

还有一些直播是必须要互动的，比如学习类的直播。主播在直播间讲一些知识，必须要和网友互动，因为这样才能知道网友有什么问题，并帮助网友解决问题。

那么，什么样的内容才是和网友互动的内容呢？

1.问答的内容。如果是直播讲课，在讲了知识之后，以问答的形式和网友互动，是非常好的互动方式。网友可以通过弹幕向主播提问，主播也可以提问网友一些问题。这样，在一问一答中，知识点也能被大家更好地理解。

2.送礼物。如果是发布会或者活动的直播，和网友互动最好的方式就是送礼物了。随机抽取一些网友，送出礼品，或者以答题的方式等来选择中奖的人。当网友看到有礼物可以拿时，积极性就会被充分调动起来。

3.问问网友的意见。如果是户外的直播类型，接下来该做什么，可以向网友询问。这样，不但能够集思广益，发现更有趣的想法，做更有趣的活动，还可以起到和网友互动的作用，一举两得。

4.一起游戏。如果是游戏主播，可以和网友一起打游戏。实际上，很多游戏直播都会组织一些和网友的游戏活动，来增加和网友之间的互动场景，拉近和网友之间的关系。

5.读网友的来信。给网友留一个邮箱，让网友可以发送邮件，然后选取一些邮件来读。这样不但能够和网友互动，还能知道网友心里想的是什么，是个很不错的方法。

6.组织见面会。如果主播的粉丝特别多，可以组织线下的见面会。不过，这相对于线上的互动，需要更强的组织能力。要确保见面会能够有秩序地进行，事先要做好充分的准备。

能够和网友互动的内容是非常好的内容，你可以发挥你的想象力，想出更多的和网友互动的方法。只要这种互动是积极健康的，就可以去实行。如果你想不出有什么互动的方式，可以看看其他主播都在用什么方式和网友互动，然后学习借鉴一下。

值得注意的是，互动除了让网友渴望发声的想法得以实现，还满足了一些人突显自己的心理。有些人渴望自己被重视，渴望在人前突显自己，他们也许在生活里比较普通，但是在网络上却很显眼。于是，他们愿意花钱给主播送礼物，只为主播能够注意到他们。

当主播看到有人送礼物时，应该感谢他们，这样他们才能够有被重视的感觉，心里才会感到愉快。

能转化为销售力的内容才是最具价值的内容

直播的内容如果只是热闹好看、嘻嘻哈哈，仅仅是吸引了观众，却无法将人气转化为销售力，那么这样的内容并不是最具价值的内容。最具价值的内容，应该是能够让观众愿意掏腰包的内容。

对一个主播来说，观众愿意掏腰包，就是愿意送礼物。对一个商店或者企业来说，观众认可你的产品，就会下单购买。

有些人看网上的直播，觉得没什么技术含量，自己如果和那个主播换个位置，也可以做直播，甚至做得比那个主播还好。但是，真要亲自上阵，就会发现，很少有人观看，送礼物的人就更少了。

直播看起来似乎非常简单，有些主播就是直播吃饭或者养宠物，就能拥有很高的人气。但实际上直播内容的门槛是比较高的，它需要对内容制作比较了解，知道什么样的内容才能真正吸引观众的注意力，并让观众愿意掏腰包。

一些品牌在新产品发布时，找大牌明星站台，并让这些明星做直播。原因是这些大牌明星本身就有很大的影响力，品牌在找代言人时，利用的就是明星的影响力，请明星做直播，同样也是这个道理。另外，明星本身拥有的粉丝可能很多，让明星做直播，也就吸引了自己的粉丝观看。这些粉丝和一般网络直播的网友不同，他们更愿意为明星买单。因此，一些品牌找明星来直播，产品一下子就卖脱销了。这就是明星的强大影响力，它能够让人气立即转化成销售力。

正是因为大牌明星有这种影响力，所以他们和普通的网红主播相比，更具有优势。

当然，不是每个商家都能够请得起大牌明星。普通的商家要将直播的人气转化为销售力，就要通过直播，让观众看到你产品的好处。

英国的一家超市名叫Waitrose，这家超市和普通超市相比，显得比较不同，它所卖的产品，都是非常新鲜的原生态产品，基本是无毒无公害，纯天然绿色环保的产品。

为了证明自己的产品非常好，这家超市入驻了YouTube视频网站，并在网站开设了自己的直播频道。在直播中，超市将摄像头装在奶牛身上，让观众看到一个原生态的环境。观众的目光随着奶牛身上的摄像头移动，耳中听着奶牛吃草时发出的声音，看到了纯天然的场景，也听到了大自然的声音，对超市的产品便完全信任了。

于是，这家超市的产品便迅速得到人们的认可，销量迅速增长。

以上就是一个非常成功的案例，案例中的超市利用直播，让观众认可了自己的产品，并将直播时的人气转化成了销售力。

其实，人们在网上看直播，毕竟不像线下看产品那样，无法真实触摸和感知到产品。因此，他们需要一些因素，来让自己吃一颗定心丸，真正相信那不是虚假的东西。这样一来，他们才愿意掏腰包，才不用担心自己被骗。

让大牌明星来站台做直播，是利用明星的影响力，同时也是利用人们对明星的那种信任感。大牌明星一般情况下是不会骗人的，他们要维护自己的声誉。请不起大牌明星的商家，直播自己产品的整个生产过程，也可以让观众感到放心。

所以，通过直播让观众掏腰包，将直播时的人气转化为销售力，最重要的就是让观众感到放心。你的直播内容只要能解决这个问题，基本上就已经成功了。

如果你想要进一步激发大家的购买欲，可以搞一些抽奖活动或者优惠活动。不过这些都是锦上添花的事情了，最核心的问题还是信任的问题。

精心打造好内容"生产线"

直播的内容看似非常简单，但是，要真正打造出吸引人的优质内容，却并非易事。就像一个优秀的影视剧，需要一个好的编剧，并且要反复修改一样，直播内容也需要反复斟酌。

好的直播内容不是凭空产生的，往往需要精心打造出来。如果能够拥有内容"生产线"，就可以实现直播内容的"量产"，也就不愁没有好的直播内容了。实际上，一个直播内容的"生产线"，往往有三种形式：UGC、PGC、PUGC。

UGC（User Generated Content）说的是用户生成内容，也就是所有在网络上发布的文字、音频、视频、图片等内容。无论是互联网时代还是移动互联网时代，这些内容都是网络上的重要内容，很多网上流行的因素都是从这里诞生的。它是集众多网友的智慧于一身，同时也是传播网络信息的媒介。于是，人人都能够成为自媒体，人人都在传播信息。它的内容丰富驳杂，不过缺点是泥沙俱下，并且无法形成一个有具体方向的信息内容合集。当人们想要从中寻找自己想要的内容时，可能很难找到令自己满意的内容。不过，作为一个灵感的来源，是一个很好的选择。

PGC（Professional Generated Content）说的是专家生产内容，也就是专业的内容制作团队制作出来的内容。专业的制作团队，制作水平和欣赏美的水平都很高。因此，这样生产出来的内容，能够赢得一些高需求观众的精神需求。不过，它的制作成本也相对要高一些。但是，对于一个直播平台来说，拥有专业的内容制作团队，是非常有必要的。专业内容制作团队制作出来的内容，能够成为一块招牌，从而吸引到更多的观众。

PUGC是将UGC和PGC结合起来，用专业的团队来引导用户，去产生更优质的内容。直播平台要引导主播们自己创作出更好的直播内容，就可以使用这种方式。有专业的制作团队，然后培养主播的自主创作能力，这样就能够长期有效地发展下去。

内容是直播的血液，同时也是直播的生命。做好内容，是直播的重中之重。因此，精心打造好内容"生产线"，对一个直播平台来说就显得至关重要。

观众在网上观看主播直播，看到的往往就是主播一个人，于是下意识地以为主播是一个人在做直播。其实不然，主播背后可能有一个专业的内容策划团队，甚至可能是整个直播平台的力量在支撑着他。因此，当一些观众觉得自己也可以做到主播那样时，试一下就会发现，其实真的很难。

主播虽然没有影视明星那么强大的影响力，但主播所做的，也是文化方面的工作，也是要用优质内容来打动观众的。主播直播的内容，绝不是随随便便就可以想出来的，它需要经过反复思考，甚至需要一个专业的团队来进行策划。那些随随便便想出来的直播内容，大多数都被淹没在了众多同质化的直播内容当中，很难有出头之日。

打造好内容"生产线"，对直播平台来说，是至关重要的事，对主播来说，同样也非常重要。有了这个"生产线"，直播平台能够拥有更多的优质直播内容，并以此来捧红更多的主播。而主播则更是受益无穷，不但能够用优质内容让自己火起来，还可以逐渐学会制作优质的直播内容，让自己的能力不断提升。

因此，无论从哪个方面看，一个好的内容"生产线"都是有极大好处的。

直播平台在打造内容"生产线"时，除了要培养优秀的内容制作团队，还应该注意主播本身的特点。这样一来，直播平台就能够根据主播本身的特点，来设计更符合主播的内容，让主播在直播时更得心应手，同时也能让主播成长得更快、更好。

第七章 07 直播的禁忌

做直播不仅要学会各种才艺，掌握各种技巧，还要明白直播有哪些禁忌，不要去触碰。就像开车要遵守交通规则一样，做直播也有独特的一套规则，一旦触犯，将对主播极为不利，轻则掉粉，重则被直播平台封杀。

再气不能怼粉丝

主播和粉丝之间的关系就像鱼和水的关系，再红的主播脱离了粉丝也将没有出路。因此，在直播时可以和粉丝们讲道理，但永远不要怼粉丝。

有些主播因为年轻气盛，再加上有了一定的名气，脾气也就大了起来，听到一些不顺耳的话，就怒怼粉丝。伤了粉丝的心，就再也无法挽回了，就算粉丝们没有离开，他们对主播的印象也会大打折扣。

主播怼粉丝是大忌，也是最掉粉的一种行为。对于这种事，网友们是这样看的：

偶然点进一个主播的直播间，本来是想凑个热闹，但刚进去就看到主播在和他的粉丝们互喷，然后还禁言。看了一会儿，好像是因为主播玩游戏一直输，心里有气。这个时候粉丝们告诉他游戏中的一些失误，主播气炸了，跟粉丝说别在这儿装大神，喜欢看我的直播就看，不看滚一边去！然后就禁言了。简直太可怕了，这暴脾气，吓得我赶紧走了。

直播平台虽然不如正式的媒体规范化，但到底还是一个公众平台，说脏话爆粗口和粉丝互喷，虽然别人管不了，但大部分人还是觉得不能接受。

主播其实和明星们一样，在面对流言蜚语时，必须保持淡定，绝对不能恼，更不能喷粉丝。其实，故意捣乱的人虽然有，但毕竟只是少数，大多数粉丝们还是心明眼亮的。其实主播只要表现出应有的涵养，就是对恶意攻击者最好的回击。

古力娜扎自从出道以来就一直受到各种攻击，但是面对各种令人生气到想哭的言论，古力娜扎却表现得非常好，从来不和这些人互喷，就连哭也是躲起来偷偷哭，忍耐力强大到令人佩服。

一路走来，古力娜扎已经从那个只会躲起来偷偷哭的小女孩，变成了更加强大和成熟的艺人。在芭莎慈善直播中，面对黑粉们的各种质疑，古力娜扎表现得相当淡定。

当时古力娜扎剪了短发，整个人看起来特别清新，典雅的气质挡都挡不住。但是面对这样的高颜值，偏偏有人说丑。古力娜扎却一点也不生气，面对各种让人看了能瞬间气炸的话，古力娜扎不闪不避，逐条做出回应，简直智商情商双双爆表。最后回应完了各种恶意满满的评论，她还态度非常好地感谢这些人，谢谢被针对，谢谢被批评，谢谢被攻击……

她说："非常爱黑粉，你们让我越来越强大！"说完还送给大家一个飞吻。

视频前的粉丝们简直要高呼："真是情商太高了！内心这么强大、女汉子级的娜扎，你们总是这样黑她，难道你们的心不会痛吗？"

实际上不止古力娜扎，很多明星都是在一路被黑中成长起来的。就因为他们不气不恼，专注用实力和作品说话，最后让自己变得无比强大，让很多黑他们的人也转了粉。

主播和明星都是公众人物，所以做主播的道理和做明星很相似，都要严格约束自己，绝不能随便发火，更不能怒喷粉丝。但是，有时候粉丝们的行为真的很让人生气，而且会有黑粉混在粉丝当中，真真假假难以分辨。有时候主播只不过是说了黑粉们几句，却连带着让粉丝们感到十分受伤。

因此，主播要有一套合理应对不同类型粉丝的方法，这样才能在粉丝面前表现得更好。

一、应对爱提要求的粉丝

有的粉丝爱提要求，并且是让主播感到很为难的要求。比如有的主播唱歌跳舞都没问题，但是不会讲笑话，但粉丝明知这一点，却偏偏要求主播讲个笑话，并扬言如果主播不答应他的要求，他就如何如何。

面对这样的粉丝，确实让人很伤脑筋。但这类粉丝大多数并没有什么恶意，他们有时只是想看看主播们做自己不擅长的事，出现尴尬的一幕，然后"偷着乐"而已。有时他们也可能是想通过这种方式，从另一个方面看到和平时不一样的主播。

这时候，主播一定不要强硬拒绝粉丝的要求，说一些"我不会""爱看就看，不爱看就走"之类的话，或是对其不理不睬，甚至禁言。无论上述哪一种行为，都显得太小家子气，而恶言相向，本来说的是个别人，却很容易伤到所有粉丝的心，得不偿失。

正确的做法是，主播一定要表现得十分淡定，详细询问一下提出要求的人到底是想要主播干什么。如果的确是无法做的事情，要诚恳地表示自己的确做不到，并真诚地表示歉意；如果可以勉强做到，只不过可能做得不太好，可以尝试着做一下，因为这其实是个吸粉的好机会，就算做得不太好，粉丝们也会被主播这种"拼"的精神所感动。

二、应对爱对比的粉丝

有的粉丝喜欢对比，比如在主播唱歌时说主播唱的歌不如原唱好听，和原唱相比差远了，或是把主播和其他主播对比，说其他主播多么多么好。这会让主播特别尴尬，尤其是在自己的直播间夸别的主播，更会让很多主播瞬间气炸。

实际上对比之心人人都有，有时候粉丝无意间的一句话，可能根本没有想太多。如果主播一听就炸，一点就着，就显得太没有气度了。

面对这样的情况，主播应该多想想自己哪里做得不够好，如果粉丝说的是事实，就应该虚心接受。即便粉丝说的不对，也不要生气，耐心解释一下就好。

有时候个别粉丝的想法可能会出错，但大部分粉丝们还是能分辨真假对错的，主播要摆事实讲道理，而不是怒发冲冠。只要这些对比言论不影响大多数人的观念，问题就不大。主播应该照顾到大多数人的感受，不能只听到个别人所说的，就大动肝火。

三、面对喜欢批评的粉丝

有的粉丝喜欢批评人，这和生活中有些人天生喜欢批评别人、对别人指指点点是一样的。面对这样的粉丝，主播做什么可能都被挑出毛病来。

遇到这种情况，是真正考验主播个人涵养的时候。就像上面所说古力娜扎面对黑粉时那样，主播一定不要生气，更不要和这些人互喷。这时候不理不睬和大声斥责、谩骂等都是不可取的，不理不睬显得太软弱，会助长这些人的气焰，大声斥责甚至谩骂，则太没有气度，会吓跑粉丝。这时，要让他们知道你看到了他们的话，也要让他们知道你虽然看到了，但对一些吹毛求疵甚至完全不合理的批评并不在意。

主播表现得从容淡定、云淡风轻，就能让这些不期而遇的批评，变成展现优雅气度的契机。

不能无尺度无下限

直播太火，主播太多，为了博眼球，有些主播想尽办法，甚至不惜做出各种大尺度的行为，结果很快被平台封杀。做主播想要红想要火，这没有问题，但绝不能无尺度无下限，这是原则问题。主播在做直播的过程中，有很多红线坚决不能碰。

一、涉及黄赌毒的内容要坚决杜绝

网络直播平台虽然相比传统媒体要自由一些，但也不是法外之地，绝不能涉及黄赌毒的内容，否则就会被依法追究责任。

作为主播，一定要时刻提醒自己，不能触及黄赌毒的内容，为营造绿色健康的直播环境，尽自己的一份力。

二、拒绝做不符合道德标准的事

主播属于公众人物，即便是不太红的小主播，也有着不容忽视的影响力。因此，除了要遵守法律法规，主播的行为和直播的内容还要符合道德规范。

尽管道德不应该成为绑架人的一种存在，但对于主播要求自己却是很好的准则。大众普遍的道德标准，也正是大部分人心中的善恶标准。主播如果能用道德标准严格要求自己，肯定会受到粉丝们的喜爱。俗话说"小胜靠智，大胜靠德"，有了德行，一定能走得更远。

因此，主播一定要时刻记住自己是公众人物，以道德规范来要求自己，给众人做出榜样，不要做因违反道德而火起来的"跳梁小丑"。

三、坚决不拿政治内容娱乐

国家政治是庄严而神圣的事情，一旦涉及这方面的问题，都应该保持严肃，绝不能拿来娱乐。网络直播本身就是以娱乐为主，因此，主播们在直播时，一定不要涉及政治内容。

四、不传谣不侵权

俗话说"三人成虎"，网络上的流言是非常可怕的。一句假话，传的人多了，听的人就会信以为真，最后引发一系列问题。

主播拥有众多粉丝，每说出一句话都可能会对粉丝产生重大影响，因此，主播更要严格规范自己的言行，对不确定的事情，一定不要传播。"流言止于智者"，对没有把握的问题，闭口不谈才是正确的选择。

主播翻唱歌曲，做各种才艺表演，难免会遇到一些侵权的问题。对于这个问题，主播一定要高度重视，根据相关法律法规，对内容做出合理调整，避免侵权。

五、有自己的原则

就像明星的言行可以影响粉丝，而粉丝的言行也能影响到明星一样，主播和粉丝们之间也是相互影响的。当主播拥有了足够多的粉丝之后，粉丝们若一致要求主播做某件事，在众口之下，主播很有可能会妥协。但是，粉丝的要求合理吗？这个问题绝对要认真想一想。

主播一定要有自己的原则，这个原则不能被粉丝们所影响。主播想尽量满足粉丝的要求，这没有问题，主播们大多数也都是这样去做的，但是绝对要在符合原则的基础上去满足粉丝，不能什么要求都答应。

虽然现在相关的规范制度已经出台，但直播行业的规范制度一时间不可能特别成熟，肯定会存在这样那样的漏洞，这就要求主播必须有自己的判断，对不合理的事情坚决拒绝。在充分照顾到粉丝要求的同时，还要清楚地知道什么可以做，什么不可以做，让低俗内容远离自己的直播间。

对于相关规定还没有涉及的内容，主播应该以社会道德标准以及自己所掌握的常理来判断，最终决定取舍。无论如何，不要被粉丝们"劫持"和"绑架"，要时刻保持清醒的头脑，做到有所为，有所不为。

六、不要涉及他人隐私

在网上触及他人隐私问题，是极不道德的行为，也是违法行为。主播在做直播时，一定要注意保护他人的隐私，不要将别人的隐私公布在众人面前。即便是自己的粉丝，主播也要充分保护他们的隐私权。

某女主播和摄像师在一所大学校园里做直播节目，主播借口上厕所，进入女生宿舍，并拍下了宿舍和厕所里的一些画面。领女主播上厕所的女生发现她在做直播，于是找来宿管阿姨，制止了主播的这种行为。但是，女生认为女主播侵犯了她及宿舍成员的隐私权。随后，有同学将这件事的整个过程发布到微博上，引来众多网友的关注。学校方面也发布微博，认为女主播的行为对学校和学生是一种冒犯。对此，女主播所在的直播平台做出了回应，发布了道歉公告，并关闭了该女主播的直播间。

学校的宿舍楼属于私人空间，并非公共场合，所以主播的行为已经侵犯了学生们的隐私权，被追究责任也是在所难免的。

在做直播的过程中，主播一定要注意保护好别人的隐私，不要做出侵权行为，更不要以侵权行为来博取网友们的眼球。

不要和其他主播互怼

主播们在直播时遇到粉丝刁难，有喷粉丝的可能，前面已经说过了，这种行为是不可取的，会让主播迅速尝到掉粉的苦果。而让主播们情绪失控，爆粗互怼的，还有可能是其他主播。

俗话说"同行是冤家"，主播之间即便没有矛盾，往往也不会有太深入的关系，如果发生冲突，双方很容易情绪失控。加上有些主播的粉丝之间总是莫名其妙地有着这样那样的矛盾，就像有些明星之间的关系很好，可双方的粉丝却势同水火。粉丝们之间的矛盾本来和主播没什么关系，但出于"护粉"之心，主播往往也会被"拉下水"，演变成主播之间的互怼大战。

主播之间既有惺惺相惜、相互抱团取暖的，也有彼此嫉妒、看不顺眼的，这原本很正常。但是，主播无法控制自己的情绪，和其他主播隔空激辩，甚至互怼搞骂战，就很不应该了。这不但显得主播很没有素质和涵养，也容易引发粉丝之间长久的敌对情绪，还让不明真相的路人远远逃开，对自己的人气产生极为不利的影响。

粉丝们对主播都非常热爱，尤其是铁粉，有时候甚至无理由支持自己的偶像。因此主播们的一言一行，都会对他们产生重大影响。主播之间就算没有骂战，只是一些不起眼的利益冲突，也能引发粉丝的不满，导致粉丝之间的战争,更不要说主播直接互怼了。主播正面互怼,粉丝肯定更是情绪失控。

可以说,网友们对主播互怼的行为,没有支持的,最多也就是不关心不在意而已,剩下的看到这种情况都是持反对态度。没有人愿意看到没有素质的骂战,即便有理,和别人骂起来后也会让人极为反感。

做主播,千万不要和其他主播正面互怼,因为互怼是不会有获胜者的,结果只能是两败俱伤,不管谁有理谁理亏,最后双方都掉粉无数。

不要聊容易起纷争的敏感话题

主播们在直播时要和粉丝聊天互动，这是涨粉并且与粉丝建立深厚感情的重要方式。但是，在聊天的时候，一定要避免说一些容易引起纷争的敏感话题，否则可能会招致一些人的反感，甚至会引发一场网上骂战。

网友们人数众多，来自全国各地，有着不同的喜好，在网上发表任何言论，都应该慎重，否则就会引起"战争"。

互联网发展了这么多年，网上的各种"战争"就从来没有停过。从明星们的行为、言论不当遭到众多网友的齐声讨伐，到各种地域歧视、职业歧视等因立场不同和想法不同而展开的互掐，再到捧一个明星而贬低另一个明星的粉丝之战……网络纷争存在于各个角落，甚至让人意想不到，真可谓无处不在。

下面这个案例，足以让我们看到网络纠纷的强大：

《地下城与勇士》是一款已经推出很多年的游戏，曾经火爆一时，直到现在也有不少玩家。本来它和其他网络游戏没什么太大区别，都是娱乐大众。可最近它的游戏主播全都穿西装打领带，一个个打扮得看起来相当正式，让人感到很奇怪。

原来在一个名为《学妹来了》的节目中，有一名女学生在接受采访时表示,玩这款游戏的男生全都是"死肥宅"。这个视频在网上播出之后,瞬间引爆了众多游戏粉的关注,愤怒、不甘、不服气、为自己正名……各种情绪交织在游戏粉们的心中。

于是广大DNF玩家们不干了,把视频及截图在微博、贴吧、论坛等各种平台转发,生生将这个本来不算什么大事的事刷上了热搜榜单第二名的位置。

最后,众多愤怒的DNF玩家们攻占了当事人女生所在学校的贴吧,强烈要求该女生为自己的污蔑性言论道歉。

不管例子中的事情结果如何,孰是孰非,我们可以看到的是,一石激起千层浪,一个小小的言论和举动,经过网络放大之后,可以产生超乎想象的巨大效应。网络纠纷波及范围之大,影响程度之深,是其他纠纷无法比拟的。

普通人不经意间发表的言论,传到网上时都能引起轰动,网红主播们整天处于网络之中,所说的每一句话都会立即被众多网友听到,因此,主播绝对不能说容易引起纷争的敏感话题,否则分分钟就能引发一场网上激战。

主播们在聊天时应该避免说那些具有攀比性质、抬高一方贬低一方、一竿子打翻一船人等属性的话。简单举几个例子:

1.有"地域黑"嫌疑的话坚决不说

什么东北人如何如何、南方人如何如何、北方人如何如何……这样的话都是很容易引发骂战的。而且,这种以偏概全的言论也是极为错误的。

2.不要贬低任何明星

有些人喜欢谈论娱乐八卦,但一定要捡好话说,因为观众中说不准就有该明星的粉丝,若是说了明星的坏话,肯定会引起粉丝的不满。

3.有争议的话题及时事不讨论

主播们会借助时事热点来提高自己的人气,但要注意,时事热点虽好,但那些网上正激烈讨论，还没有明确结论的话题，最好不要去讨论。因为这些话题具有争议性，也就容易因观点不同而引发激辩，继而转化成骂战。

各种让人争论不休的事件频频出现在网络，比如一些发到网上成为热点的、法院还未做出判决的案件以及一些被曝光到网上争议性很大的行为等。这些虽然都有很强的吸睛效果，但主播们不应该去碰。

总之，话要捡好的说，不好的话坚决不说，如果不得不说，也要委婉地说，这才是主播作为一个公众人物的讲话之道。

有的主播喜欢剑走偏锋，特意说一些有争议的话题，挑起观众们的纷争，借助于此提高人气。这种行为不可能受到观众们的真正喜爱，所获得的人气也是虚假的、经不起考验的。虽然短时间内可能会有粉丝增长，但这些粉丝绝不是真正的粉丝，只不过是凑热闹的人而已。过一段时间之后，事情的热度下去了，这些人也会离开，而主播因为争议的话题所产生的负面影响，却无法消除。这种行为和饮鸩止渴无异，一定不要去做。

主播应该和粉丝们聊什么呢？

1.聊自己的生活

观众和粉丝们都是普普通通的人，主播们虽然人气很高，但终究也还是普通人。主播聊自己的生活，自己身边的琐事，能给人一种很亲切的感觉，效果比谈论热门话题还要好。

2.聊穿衣打扮

穿衣打扮是大家都关心的事情，尤其是女性观众。女主播们谈一谈自己穿衣打扮的经验，或者鼓励大家分享一下自己的经验，也是不错的选择。

3.聊喜欢听的歌

主播和粉丝们说说喜欢听的歌，也让粉丝们推荐一些好听的歌曲。这样不但能让粉丝们收获更多好听的歌，而且如果以后要唱歌，也知道该唱什么。

4.聊聊大家的生活

主播除了聊自己的生活之外，让粉丝们说说各自的生活，也是很好的聊天内容。互相多了解，能增进双方的感情。

总的来说，聊天不要总是捡网上的热点来聊，自己身边的事情、身边的人才是独一无二的，和那些千篇一律的网络段子以及充斥在人们耳目当中的热点新闻相比，更有独特的吸引力。

不要私下和粉丝见面

粉丝们喜欢主播，想和主播近距离接触，这是人之常情。主播通过"粉丝见面会"等活动，和粉丝们在线下见面互动，是涨粉的一种重要方式，也无可厚非。但是，主播和粉丝见面，一定要在公众场合，在人数众多的情况下。

主播可能和粉丝很熟，但再熟也是一种类似"网友"的关系。主播和粉丝私下见面，容易出现各种各样的问题。

主播和粉丝因为私下见面出现这样那样问题的例子很多，一般都会对主播的人气带来极为恶劣的影响，甚至直接导致一个当红主播惨淡收场。

美女主播在线下和粉丝接触，是要慎重考虑的，至于私下见面，更要坚决拒绝。即便是在公共场合举办"粉丝见面会"，主播也要经过精心准备和策划，不能等闲视之。

道理很多人都懂，但实际情况却又让人很纠结。粉丝给主播刷了那么多的礼物，想见一面都不行，这让粉丝们觉得心里不平衡。不见就显得主播薄情寡义，而私下见面又太危险，举办"粉丝见面会"，又太麻烦。

其实，也不用太过烦心，美女主播们只要学会如何委婉地拒绝粉丝私下见面的要求，信念坚定一点，基本足以应付各种情况。

下面列举一些主播可以使用的拒绝理由：

1.平台规定主播不可以私下和粉丝见面，主播如果那样做了，立即就会被禁，希望大家能可怜可怜我，不要再提这种要求了，你们是要把我急哭吗……

2.每个粉丝对我来说都是同样重要的，都是我最好的朋友，所以如果见面一定要和大家一起见面，不然这对其他粉丝就不公平了。等有了条件，我会多多组织"粉丝见面会"的，所以还希望大家多多支持我，让我有举办见面会的实力才行呀！

3.爸爸妈妈对我管得特别严，如果知道我私下和粉丝见面了，肯定会生气的，所以……

4.因为是在业余时间做直播，每天忙得不可开交，根本腾不出时间来和各位粉丝见面，求原谅，求安慰……

主播和粉丝虽然亲近，但毕竟不是现实中的朋友，私下见粉丝存在着很大的风险。主播一定要提高自身的安全意识，学会拒绝粉丝私下见面的要求，做一个不"单刀赴会"的好主播。

08 第八章 打造
多种形式的直播

　　智能手机的摄像功能越来越强大，人们随时随地都可以进行直播，所以直播的种类也是五花八门，什么形式的都有。虽然直播的种类很多，但可以大体归为几类：发布会直播、学术直播、户外野外直播、旅游直播、体育直播。

发布会直播：让每个粉丝都如临现场

自从雷军进行了一场小米无人机发布会的直播之后，发布会直播就因为低碳环保省钱、参与感爆棚、跳过媒体直接连线成千上万用户等特点，成了"直播+"家族中的重要成员，受到万众瞩目。

一、小米发布会直播

当然，发布会直播不一定非要完全走网红那种直播模式，一边办线下的发布会，一边在各个直播平台做现场直播，这才是更好的发布会直播方式。随着直播行业越来越成熟，发布会直播也不断向线上线下相结合的模式发展。

小米的某场新品发布会在线下进行，并在很多直播平台同步直播，很多网友围观了发布会的全过程。由于小米这次的直播没有固定在一个平台上，所以有更多的网友观看了发布会的直播。

小米以往的直播都是固定在小米官网或某个特定的直播平台，除了小米的粉丝之外，其他人可能不关注也看不到。但这次不同，发布会在各大高人气的直播平台直播，将直播平台上的流量充分利用，自然也就吸引了更多人的关注。

小米发布会直播，用实际行动告诉我们，尽管选择多平台直播有观众分散的风险，但是这种多撒网的方式，让观众们更容易收看到直播视频。还有一个好处就是，观众可以在自己熟悉的平台观看直播，不必千里迢迢跑到别的平台去观看，也不必在讨论直播时和陌生人找不到共同语言。

在发布会直播时，雷军不但利用多平台的联合效应，还充分利用了明星的号召力。发布会上，雷军将小米手机的代言人刘诗诗、刘昊然请来，作为嘉宾出现在会场。明星们的出现，顿时让观众们沸腾起来，同时观众人数也疯狂上涨。

在直播过程中，雷军在镜头前向观看直播的观众们打招呼，还介绍了小米手机的各种特色功能。刘诗诗、刘昊然也在直播中向观众们打招呼。雷军打破以往发布会总是介绍产品的模式，而是现场给刘诗诗拍照，并把照片给观看直播的网友们看，不但给网友们一个大大的惊喜，也让网友们收获了刘诗诗的现场照，还充分展现了小米手机强大的拍照功能。

除了邀请明星之外，雷军还同时请了很多网红主播在现场做同步直播，把发布会直播模式的优势发挥得淋漓尽致。为了达到最好的宣传效果，在发布会还没有开始时，网红主播们就已经赶到现场进行直播了，长时间的直播引来了更多的观众。为了让主播们有更充沛的精力去做直播，雷军给主播们提供了便捷的服务，专门给主播们提供了奔驰级别的专车，现场接送主播。这种高级别的待遇，也是一个不错的噱头，吸引了不少眼球。

有娱乐明星的"高大上"，也有网红主播的"接地气"，小米的这次发布会直播别开生面，既收获了非常高的关注度，也有特别强的营销力，堪称完美。

二、凡客诚品发布会直播

雷军曾说："我第一次看直播的时候，我就觉得是一个伟大的时代来临了，这是一种全新的互动形式。我自己试了几次之后，也觉得非常有趣。我和许多企业家聊天，动员他们也来玩一玩。"

凡客诚品的陈年和雷军是好朋友，雷军既然玩发布会直播玩得这么好，陈年受他的感染，当然也要玩一玩发布会直播了。

凡客诚品的新春发布会在直播平台进行了直播。在直播过程中，粉丝们不但可以通过直播平台和凡客进行互动，还可以通过微博、微信、朋友圈等各种平台和现场的嘉宾、线上的嘉宾及观众们进行互动。

发布会上，凡客还拉来了雷军，让雷军帮忙撑一撑场子。雷军一出现，顿时引来了更多的观众，观众们纷纷表示支持雷军也支持凡客，同时认为雷总眼光看得远，既然说凡客能够有更大的作为，那凡客就一定不会让大家失望的。

因为互动性强，直播和分享的方式也非常方便，在直播期间，凡客的产品收获了众多关注，发布会也取得了很好的效果。

相信随着直播行业越来越火，将会有更多的企业认识到发布会直播的强大之处，也会有更多企业加入到发布会直播的行列中来。

学术直播：网络能到达的地方就有课堂

直播是一种非常好的信息传播方式，通过直播平台，主播可以和成千上万的人建立联系，足不出户就可以把各种内容展现给网友和粉丝们。

不仅普通的网红可以通过直播赚钱，很多专业人士也可以通过直播把知识传递给别人。学术直播，就像是一个巨大的讲堂，让知识的传递更加方便快捷。

一、老师做直播

直播行业在最近几年飞速发展，而教育直播也是直播的一种重要类型，给在线教育注入了非常大的活力。教育直播和以往的在线教育相比，显得更加先进，它的互动性和灵活性都变得更强了。人们通过直播平台，可以看到老师的现场讲课视频，还可以和老师互动，这种感觉和在课堂上听老师讲课非常相似。

目前，我国的教育直播平台可以分成付费平台和免费平台两种。付费平台上的课程，需要支付一定的费用才可以观看，而且讲课的老师必须是正规的、有资历的老师。不过，为了吸引更多的人来听课，直播平台往往也会有一些免费的直播来供大家观看。免费平台上的直播，人们可以直接进入直播间免费听课。与付费的直播平台相比，免费的直播平台对讲课老师的要求相对宽松一些，主打"寓教于乐"的模式，让人们在轻松的氛围中学到一些知识。

李永乐是一位数学、物理老师，西瓜视频独家创作人。李永乐老师制作，西瓜视频和科普中国联合出品的一系列科普短视频火遍了全网，连央视新闻和《人民日报》都来给他点赞。

李永乐老师在B站、抖音等都有自己的账号，在抖音的粉丝数量高达1000多万。他的教学视频语言风趣幽默，讲解深入浅出，让人听了以后十分着迷。

二、医生做直播

医疗行业是一个对专业性要求极高的行业，而一个有丰富经验和专业知识的好医生，通常是需要长时间的积累才能造就的。因此，这样的医生一般是可遇而不可求的。想要找名医看病，很多人是没有机会的。但是，直播平台的出现，让人们都有了看名医直播的机会。

医生做直播，普通人可以在直播中学到一些常用的医学知识，还可以在线咨询一些问题。对专业人士来说，医生做直播的意义就更大，因为他们可以通过观看直播而学到很多专业知识和丰富经验。

在西安市胸科医院承办的"华山论坛——第二届胸部微创外科研讨会"上，不仅有一大批胸外科专家前来，还有4台高难度微创手术在现场进行直播。这样的直播在以前的学术会上是很难看到的，但随着直播行业的发展，医学界也开始使用直播手段来传播知识了。

很多前来参加研讨会的医生都说，他们就是奔着高清的视频直播来的。做直播的都是国内一流的胸外科专家，还有专家进行点评。大家如果有看不懂的地方，还可以进行提问，这样一来，大家都学到了很多以前很难学到的内容。

医生做直播，给医疗专业的人学习专业知识打开了新的窗口。同时，医生做直播，给普通人带来的方便也是非常大的。

在以往，人们普遍觉得医生是一种很"高冷"的职业。看病时，医生总是板着一张脸，与我们沟通病情。但是现在，医生做起了直播，就让人们觉得医生变得特别容易亲近了。在看医生的直播时，人们可以随便问问题，不用担心会把医生问烦了。

户外野外直播：足不出户欣赏野外风光

户外和野外的东西总是对人们有非常大的吸引力，尤其是贝尔·格里尔斯的《荒野求生》火了之后，这类节目就在电视上层出不穷。在直播火爆的今天，户外、野外直播也在各类直播中占有十分重要的地位。

野外直播的人一般都有比较新奇的想法，能够发现大自然的美。但是，想要真正吸引观众，还是要搞清楚观众们喜欢看的是什么。

总的来说户外、野外直播可以分成以下几类：

1.田园风情类

包括：抓捕类——在野外直播抓捕虾蟹、钓鱼、采摘；种植和养殖类——养鸡、养鱼、养青蛙、种花、种树、种地瓜。

2.荒野生存类

在一些人烟稀少的地方，直播各种野外生存技能。这类直播的难度，需要主播根据自己的实际情况酌情考虑，只要能带给观众新奇的感觉就行，尽量避免做太危险的事。

3.环游世界类

开着自己的爱车、骑上单车或者徒步去旅行。这类直播关键在于带给观众们不同地区的地域风情，还可以通过镜头满足一些观众有旅行意愿，却没有时间去做的愿望。

4.展现特殊技能类

在户外展示自己的一些传统技能，比如杂技。除了展示自己的技能，还可以带着观众去参观一些传统的文化习俗。

5.户外活动类

在户外搞一些活动，比如宿营、攀岩、越野等。

快手上有一个ID为"户外平头哥（荒野生存）"的主播。他平时主要拍摄一些荒野生存的短视频，在不同的短视频当中，他会选择不同的地点做荒野生存，内容新鲜有趣。有时候，一个地方的荒野生存内容比较多，他会分成几集发布出来。

在一次荒野生存当中，"平头哥"和自己的队友们来到了一个小岛上。他们在这里孤立无援，除了拍摄的设备和刀子之外其他什么都没有携带。这时，他们需要寻找水源，寻找食物，还需要用树枝搭建简易的庇护所（小房子），还需要生火。

由于缺少工具，一切都要以原始的方式进行。"装备"基本靠捡，食物基本靠水里的浮游动物，小岛上有棵椰子树，但是上面的椰子很宝贵，"平头哥"打算留到不得已的时候再吃。

"平头哥"的视频内容是一般人不曾经历过的，所以很容易对大家产生吸引力。而他在荒野生存当中所表现出来的乐观积极的精神，也很令人感到钦佩。此外，从他的视频中，还可以学到一些小知识。

"平头哥"很快就吸引到了不少网友，粉丝数量也增长到400多万，每条视频都能收获几万的点赞量。

旅游直播：随镜头踏遍千山万水

随着人们生活水平的提高，旅游成了很多人在节假日的选择。但是，如果跟团旅游，行动就会受到限制，不太自由；如果自驾游，自己开车又感觉太累。还有很重要的一点，在法定节假日，往往会有很多人出门旅游，旅游时看到的不是景点的景色，而是景点的人山人海。

在这种情况下，不少人会对旅游产生恐惧心理，觉得出门旅游还不如待在家里好。但是，许多人都有一颗渴望亲近自然的心，想看看祖国的山山水水。

旅游直播的出现，解决了人们的这一需求。只要观看旅游直播，观众就可以足不出户，跟随主播的镜头，踏遍千山万水。

做旅游直播，要让观众随着主播的脚步和镜头，领略美好的风景。因此，做旅游直播时，景点的选择、路线的选择、酒店的选择都是很重要的。选好了，人气可能会很高，选不好，人气有可能跌至谷底。

一个好的旅游主播，应该想办法带给观众更好的感官体验。因此，他应该有丰富的旅游经验，用镜头展现给观众不一样的风景。在选择景点时，要选择那些景色优美或者有特殊意义的景点。在选择路线时，根据自己的目的，尽量选择更短的路线或者风景更好的路线。选择酒店时，应该选择性价比高的酒店。

这样一来，观众看了主播的直播之后，如果自己想要去那个景点看一看，也就知道该怎么做了。观众除了从主播这里看到景点的美，也学会了到这个景点如何欣赏到更多的美。观众收获更多，直播的内容也就更有价值。

旅游直播和其他类型的直播一样，带给观众新鲜感是非常重要的。因此，在进行旅游直播时，最好不要一直做一个景点的直播，应该经常换一换景点，这样就能带给观众更多的新鲜感。

假如主播因为一些原因，不得不长时间在同一个景点做直播。那还是要多变换一下直播的内容，比如可以直播一下景点当地的风土人情，用镜头领着观众到附近的街上走一走、转一转。主播还可以多讲一些旅游景点的故事，介绍一下附近的饭店、旅馆，让想来旅游的观众了解到更多的信息。

旅游本身就是一件新鲜的事，因为看到的景色都是新鲜的。如果主播的直播能力很强，再多给观众讲一些新鲜的事情，观众的体验就会更好。所以，对有实力的主播来讲，让旅游直播火起来，并不太难。

体育直播：一边看比赛一边互动

体育比赛总是能够让人感到热血沸腾，但是体育比赛的比赛场地就那么大，不可能每个人都到现场去观看。于是，大多数的体育迷都会选择观看比赛直播。尤其是世界杯期间，人们更是守在电视机旁，就算通宵也在所不惜。

但是，在电视上看体育直播，只能看不能互动。看到一个精彩瞬间时，自己已经感到血脉偾张，却没有人能够分享那种激动的心情，这种感觉是很孤独的。一个人看电视上的体育直播，就像是一个人在家看电影一样，缺少互动。体育直播解决了这个问题，可以让人们一边看直播，一边发弹幕互动，还可以听到主播的一些评论。因此，观看体育直播，观众会感觉非常好。所以人们看体育直播的热情一直非常高。

主播做体育直播节目，不像电视台的直播那么正规，因此也就不需要有太多的拘束，可以想说什么就说什么。主播不需要像正规的解说员那样，在解说时不能带有明显的偏向性，还需要保持中立。主播可以任意支持某一个队，评论和解说也可以带有自己的主观色彩。只要主播能够做到不贬低任何一个队，不说脏话，观众就能够接受。

正因为主播不需要像正规解说员那样受到太多限制，所以主播解说的体育直播，反而会受到很多人的欢迎。其实，大多数观看比赛的人，都有自己明显的爱好和取向。他们会支持一个运动员，会支持一支队伍。因此，主播带有主观色彩的一些语言，更能够引爆他们的激情。

除了和主播互动之外，观众通过弹幕也可以讨论比赛的内容，这比一个人看比赛感觉要好得多。甚至和现场看比赛相比，看主播的体育直播也有它的优势之处。

看主播直播的比赛则有所不同，大家都是通过屏幕观看比赛，一边看比赛还能一边通过弹幕聊天。这种互动的感觉，是在现场看比赛没有的体验。因此，和现场看比赛相比，主播的体育直播有它独特的优势。正是因为这样，虽然人们都很喜欢比赛现场的热烈气氛，可还是有人更愿意看主播的体育直播。

在直播平台打开一个体育直播间，人们能够看到，在比赛之前，网友就已经在讨论和比赛相关的内容了。比赛开始后，网友的讨论就更加激烈。有人开始预测比赛的结果，有人就比赛的情况进行深入分析，讲出很多专业的道理，有人为自己喜欢的队员或是队伍的优势而欢呼，也有人为自己喜欢的队员或是队伍的失利而叹息。这时候，主播的一句别出心裁的观点或点评，有可能引发网友的又一次讨论热潮。

在直播间看体育直播，一边看比赛，一边互动，感觉会非常好。这是其他看比赛的方式所不具备的特点，也是体育直播的独特魅力所在。只要体育直播还有这样的魅力，它就会不断吸引体育迷观看。

不过，做体育直播，要特别注意的一点是，不要挑起体育迷之间的战争。

体育迷之间是很容易出现矛盾的，尤其是足球迷。因为不同的球队或是俱乐部，有可能产生长久的矛盾。主播在直播时，可以带着自己的主观色彩解说，但是不能太过火。一旦引起一些体育迷的不满，或是引发了体育迷之间的战争，直播节目就会受到影响，主播自己也会令大家反感。

第九章 09 直播营销：
让宣传和营销更方便、更有力度

　　直播营销和其他形式的营销相比，具有独特的优势。主播一边直播，一边讲解商品，不但能够360度无死角地展示商品，还可以解答观众的各种疑惑。直播营销的气氛轻松，受到大家的喜爱，营销效果往往会更好。

现场展示，毫无死角

直播能做很多事情，而直播营销和其他的直播内容有些不同，它需要让观众看到直播之后，能够对主播营销的产品产生信任，继而下单购买。因此，在做直播营销时，最重要的不是主播有多么好的口才，而在于主播能否现场全方位地展示自己的商品，并且毫无死角，让观众对商品完全放心。

主播特别能说，这当然是好事。但是直播营销不同于其他途径的营销，观众更容易产生怀疑。在实体店购买商品时，如果购买之后发现商品不合格，买家可以要求退换。但是，在直播中购物，要退换商品就非常麻烦了。因此，和网购时大家会更加慎重是同样的道理，在直播中购物，人们也会更加谨慎。

直播营销虽然不是线下营销，观众无法触摸到商品，但是与网上购物相比，还是具有优势的。人们在网上购物时，看到的是商品的照片，而在营销直播中看到的商品，则是视频的动态画面。相比照片来说，动态的视频画面会显得更加真实。

为了让观众看到更为真实的商品，主播在展示商品时，应该充分发挥直播的优势，在现场要多角度地展示商品。

1.主播在展示商品时，可以由远到近，全方位展示商品。从远处看时，看到的是商品的全貌，是一个整体的形状大小。到近处时，观众看到的商品则更加清楚。这样，观众对商品就有了一个整体的把握。

2.整体展示完商品之后，主播可以给商品一些特写，将商品的细节充分展现给观众。观众对商品的整体有了了解，这还不够，他们还想看到更为真实的商品细节，这样才能够确定商品的质量好不好。有的主播在直播营销时，只是给大家简单地展示商品，而没有做细节的特写。这样的话，营销的效果就会大打折扣。

3.展示完商品细节之后，主播可以和观众互动，看观众对哪些内容有疑问，解答一下。如果观众还想看商品的某一部分，主播就要用镜头展示给大家看。

主播在直播时无死角地展示商品，让观众对商品有全面地了解。并且，主播在现场互动，让观众的疑问得到解决。这样，观众对商品就放心了，更容易下单购买。

除了现场展示商品之外，如果主播对自己的商品特别了解，并且有非常大的信心，还可以通过"损坏"商品来让观众对商品的质量更加认可。这个"损坏"，能够将商品更全面地展现给观众，让观众更直观地看到商品的质量。

比如，主播卖的衣服质量特别好，很难撕破。主播可以想办法撕破它，并且告诉大家，只有这样的力度，才能够将衣服撕破，一般情况下，是不可能撕破的。这和有些销售员会刻意"粗暴"地对待自己的商品，以展示它的性能，是同样的道理。

直播营销，让观众能够和主播互动，还能够让观众全方位地看到商品，并把握商品的细节，使观众对商品完全放心，于是下单的热情就会变得更高了。

为一件商品量身打造一场直播

有的主播在直播时，一次推出好几件商品，这样一来，观众可能会看得眼花缭乱，不知道该购买哪一件。有的观众可能是在直播中途来到直播间，没有听到前面的直播内容，那么前面主播所推荐的商品，他们就错过了。

其实，主播与其贪多一次性推出好几件商品，不如为一件商品量身打造一场直播。这样一来，不但主播自己能够准备得更加充分，在展示商品和解说时做得更好，观众观看直播时的感受也会更好。一些观众直播中途来到直播间，也不会错过商品。

在一次直播中推出很多商品，并且把每件商品都完美地展示给观众，让观众争相下单购买，这几乎是不可能的事。因为直播的时间没有那么长，主播没有那么大的精力，而且观众也不会有耐心听完太多件商品的介绍。与一次性推出很多商品相比，一次直播只做一件爆款的效果会更好。

只推出一件商品，在一两个小时的直播里绰绰有余。主播不用担心自己的解说不够清楚，也不用担心观众没有看清楚商品的展示。观众不需要去改变自己的思维，只需要把注意力集中在一件商品上，看直播时也会更加轻松。

凡事欲速则不达，做直播营销也是如此。指望一次就将很多商品展示给大家，那样的效果不会好。控制住商品的数量，一次只展示一件爆款商品，效果

第九章 直播营销：让宣传和营销更方便、更有力度

就会好很多。主播的精力完全可以放在这一件商品上，于是从策划这场营销直播开始，一切都会变得更加专业。

在为一件商品量身打造直播时，可以按照以下的顺序进行：

1.先确定要做哪一件商品的专场直播。确定之后，就可以搜集大量相关的资料和知识，把这些内容都牢记在心。在直播时，观众有任何关于商品的问题，主播都能够对答如流，而且还可以旁征博引，让观众对主播产生更强的信任感。

2.在做直播之前，可以先向观众打一打广告。商家在做新品发布会时，会提前告诉大家有新产品要推出了，就像一部影视剧要推出之前，会先做宣传。直播营销也是同样的道理。商家应该在直播营销之前，做一些广告，让人们知道要做哪件商品的营销直播了，到时候前来观看。有的主播有自己的微博和微信群，也可以通过这些来宣传。这样，主播的粉丝知道主播要做某件商品的营销了，就不会错过这场直播。

3.如果是商家为自己的某件商品做营销直播，可以请一些明星来做直播，效果会更好。主播也可以请一些圈中好友来给自己助阵，两个人所产生的营销效果，往往要比一个人的效果更好。如果请来的那个人是比较有名气的知名主播，那效果就会更好了。

直播营销，关键是要把商品介绍透，让观众充分了解一件商品，然后使其放心购买。因此，直播营销最重要的不是数量，而是质量。如果一次推出很多件商品，分散了主播的精力，也分散了观众的注意力，看起来是广撒网，却不能多捕到鱼。而一次推出一件商品，主播的准备就能更充分，观众对商品的了解也就更透彻，更愿意下单购买。

在做直播营销之前就先做好铺垫，把宣传做到位，然后准备充分。在直播营销时找明星或者好友助阵，并把商品介绍到位，这样直播营销的效果就会更好，爆款商品也就能够做出来了。

通过对比，凸显商品质量

没有对比就没有伤害，没有对比就看不到质量。所以人们都说"不怕不识货，就怕货比货。"在直播营销时，观众可能对商品并没有太多的认识，有些商品可能对他们来说是完全陌生的。因此，主播费了半天口舌，反复展示商品，观众可能还是一知半解，不懂这个商品到底好不好。

这时，如果主播能够进行对比，拿自己的商品和观众熟悉的一些商品做比较，就能让观众更直观地了解商品的质量。通过对比，凸显其商品质量，观众就会吃下一颗定心丸，在下单时就会更有把握，而不会犹豫不决。

主播在进行商品对比时，有一些小技巧：

1.通过和一些假冒商品的对比，让观众学会辨别真伪。在市场上存在某些商品的仿制产品，这些产品可能表面上看不出是假货，但在专业的讲解之下，它们就无所遁形了。可是，消费者并不是专业人士，大部分消费者没有辨别真伪的能力。因此，主播在营销直播时，可以拿出自己的商品，再拿出一件假冒商品，通过对比，教大家如何识别真伪。观众学会如何识别真伪的同时，对主播销售的商品也就更有信心了。

2.为了让观众进一步了解真的商品和假冒商品之间的质量差别，主播还可以进一步进行对比。比如主播推出的商品是一款防水的包，而假冒的商品看起来和真的商品差不多，然后主播将这两件商品同时进行防水实验，让观众看到，真的商品是可以防水的，而假的商品却不能防水，在被水浸湿之后会变皱。

3.如果主播营销的商品是衣服，为了凸显这件衣服和其他衣服的不同，主播可以穿上衣服，向大家展示。当其他平台向顾客展示自己商品的不同时，可能也会有一些对比，而主播在直播时进行的对比，就显得更加立体。观众看到主播穿上衣服时的效果，对自己穿衣服时的效果也会有些感受，于是就能确定这件衣服适不适合自己。

4.如果主播营销的商品有自己的特色，则可以拿出一件普通的商品，通过对比，凸显出自己所售商品的特色。而那些有特殊需求的人，看到它的特色之后，就会下单购买。因此，主播一定要通过对比将商品的特色充分展示给大家看。

对比是能够让观众快速了解商品的一种途径。人们在接受一个新事物时，会因为陌生而感到有些困难。但是，将这个事物和已知事物联系起来，产生认知就比较简单了。即便是完全陌生的两个事物，在通过对比之后，也能对它们的特点了解得更清晰。

在生活中，不难见到拿商品做对比来进行营销的销售员，他们这样销售商品，取得的效果往往会很好。通常会有不少人围观，看着销售员展示自己的商品和其他商品的不同之处，就像是看魔术表演一样。在销售员演示完之后，很多人会去购买，因为他们在看过对比演示之后，对商品的质量产生了信任。直播营销的道理和这种销售方法是一样的，主播在直播间对商品进行对比，让观众对商品更了解的同时，也有很强的趣味性，能够吸引来更多的人观看，并消除他们的疑虑，让他们下单购买。

在进行商品对比时，其实并不一定非要表现出自己的商品比别的商品好。如果主播销售的商品是一件普通品牌的商品，可以拿出一件名牌商品，通过对比，让观众看到，自己的商品和名牌商品相比，有一定的差距，但差距不是特别大，而自己商品的价格，比名牌商品要低很多。因此，虽然质量不如名牌商品好，但是性价比更高。观众在考虑到性价比之后，会选择购买主播推荐的商品。

其实，观众能够进入直播间来观看直播，就是潜在的消费者。主播通过商品对比，让他们消除心中的疑虑，就不用担心吸引不到观众下单。

边教技能边卖产品

在路边卖东西的人当中，有时我们可以看到一些卖厨房刀具的人。有时候他们会向路人展示自己的刀技，用水果刀把水果削成各种形状，用刀具把萝卜等蔬菜削成各种形状等。他们不但展示了自己的刀技，还教给路人这项技能，一边教技能，一边卖自己的刀具。于是，他们身边总是围着很多人，生意也做得非常红火。

边教技能边卖产品，往往能够取得非常好的效果。用技能来吸引别人的注意力，引起别人的兴趣，从而让别人产生购买产品的欲望。然后再卖产品，就顺理成章了。主播在做直播营销时，也可以用这样的方法，同样能取得很好的效果。

观众看主播直播，为的就是好玩。主播一边卖产品，一边向大家展示自己的技能，还教大家怎样使用这项技能。有的人为了看热闹，被吸引过来；有的人想要学一些实用的技能，被吸引过来；有的人想买主播的产品，也被吸引过来。主播吸引了一大批观众，卖产品就比较容易了。

某主播是直播卖化妆品的，她在直播时，一边卖化妆品，一边教观众化妆技巧。她的化妆技术非常高，能够通过化妆把自己的脸变成很多女明星的模

| 第九章　直播营销：让宣传和营销更方便、更有力度 |

样。她的化妆表演吸引了很多观众，而她所讲的化妆技巧又非常实用，让很多观众都成了她的粉丝。

观众看她直播时，听她讲化妆技巧，还会询问她有关化妆品的知识。这时，主播会告诉观众很多相关的知识，并讲一讲自己卖的这几款化妆品的特点，让大家根据自己的需求合理选择。

观众听了主播讲的化妆技巧，对主播的专业程度非常信任，很多人都会从主播这里购买化妆品。

某主播是做手机游戏营销直播的，因为他玩的游戏非常多，所以经常会有手游商家来请他做直播。该主播在进行直播营销时，一边玩手机游戏，一边教大家一些玩游戏的技巧，还会告诉大家游戏中隐藏的一些关卡和有趣的剧情。观众听着主播用风趣幽默的语言讲解游戏，同时还能学到玩游戏的技巧，从而对这款游戏的兴趣就会越来越浓厚，看过主播的几次直播之后，有不少人都喜欢上这款手机游戏了。

某主播是做跑步鞋营销的，在他的直播间，有各种品牌的跑步鞋。主播会教给大家跑步时应该注意的事项，比如怎样根据自己的需求选择更合适的跑步鞋，还有怎样去跑步锻炼更健康，跑步的运动量应该怎样去把握，如何保护膝盖不受伤。

观众一边听主播讲跑步的相关知识，一边咨询有关跑步鞋的内容，最终购买了主播推荐的鞋子。

在直播时，教观众实用的技能，观众会对直播更感兴趣。不管是来看热闹的人，还是想要学到真正实用知识的人，都可以从中得到自己想要的内容。因此，直播就可以吸引更多的人来观看。

当主播教给观众很多技能时，观众就会觉得主播非常专业，主播所推荐的商品也一定是很靠谱的，观众就不会对产品产生太多的疑虑。如果观众对自己的需求比较模糊，听了主播讲的技能之后，就对自己的需求更清晰了。如果观众对产品不是特别了解，在听主播讲解技能时，顺便对产品有所了解，在对技能知识了解的基础上，对商品的理解更透彻了。

　　总之，主播一边教技能一边卖产品，就能让观众对自身的需求和产品的使用有更全面的了解。这样一来，大家就能确定自己想要的是什么，下单时就不会犹豫了。

发放优惠券，激发观众热情

要让观众购买你的商品，就要让观众对商品有更全面的了解，让观众买得放心。但是，这样还不够，要想让观众购买的热情更高，就要激发他们的热情。发放优惠券是一种屡试不爽的方式，总能激发观众的热情。

人们对优惠券似乎有着天然的热情，即便知道有些优惠券的优惠力度并不是特别大，人们还是会争先恐后地去领券，并且乐此不疲。在"双十一"的时候，各大电商都在搞优惠活动，各种优惠券让人看得眼花缭乱。可即便如此，消费者的领券热情还是十分高涨，各种优惠券都会领，然后再精打细算看看怎么叠加使用更优惠。优惠券对人们的吸引力之大，由此可见。

主播在直播营销时，如果能够用优惠券来激发观众的热情，取得的效果肯定比只是单纯卖产品要好。

发放优惠券的形式有很多，下面简单介绍几种：

1.在直播中发放优惠券。观众在看直播时点击直播中的图片，就能够进入购买商品的界面当中，领取优惠券然后购买商品。在这种方便快捷的领券方式之下，很多人在领到优惠券之后，就会立即下单购买，效果非常好。

2.有的直播平台可能无法一边看直播一边购买，这时候，可以用链接来发放优惠券。观众点击链接进入网上的店铺当中，然后就可以领取相应的优惠券了。整个操作过程也很简单，不会让人感到厌烦。

  3.让观众到微信领取。在直播时让观众加自己的微信群或者微信公众号，然后通过微信给观众发放优惠券。这样不但能够给观众发放优惠券，还能和观众建立更多的联系方式，一举两得。

  在直播时发放优惠券，能够极大地激发观众的热情，让观众真正下单购买，把人气转化成购买力。观众在看了主播的直播之后，有了购买的欲望，但还是会犹豫，而有了优惠券这个催化剂，就像是在后面推了他们一把，让他们赶紧下定决心。

  巴黎欧莱雅在一次产品推广直播中，用链接的方式发放优惠券。在直播开始之前，巴黎欧莱雅就在官方微博发布了直播相关的信息，并且给大家提供了优惠券的领取地址。

  在直播时，巴黎欧莱雅请来了某知名影星。该影星在自己的个人微博中，也发布了优惠券的领取地址。

  在直播时，巴黎欧莱雅也给观众提供了优惠券的链接地址。为了进一步激发观众的购买热情，优惠券中"满400立减100元"的优惠券是限量发行的，只有5000张的数量。于是，人们为了能够抢到这张优惠券，都摩拳擦掌准备先下手为强。

  正是因为巴黎欧莱雅用优惠券激发了观众的热情，所以这次直播营销的效果非常好。在很短的时间里，就吸引了十几万人观看直播。而观众领取优惠券的概率更是高得吓人，几乎是百分之百的概率，也就是差不多每一个观看直播的观众，都领取了优惠券。

  与此同时，巴黎欧莱雅在天猫旗舰店的相关商品也在销量上取得了大幅增长。

巴黎欧莱雅用优惠券来激发观众的热情，让观众争相抢券，然后争相购买产品，取得了非常明显的效果。可见，在直播营销中发放优惠券，确实是非常管用的一招。

在直播营销中，如何让观众立即下单，是一个重要的问题，也是一个难题。如果不能将观众的关注度落实到购买力上，就白白浪费了自己的人气。直播变现的方式有不少，用优惠券来激发观众热情，实现流量变现，绝对是其中的一种重要方式。

人们对优惠券的抵抗力几乎是没有的，当主播发放优惠券时，观众的脑海中会浮现出两个字"实惠"。在获得实惠思想的影响下，观众会立即下单购买，不会再有丝毫的犹豫，因为错过这个机会，可能就没有优惠了。

用一张小小的优惠券，就能让观众的购买力大幅提升，让观众毫不犹豫地下单。这一招，你一定要学会。

只打赏还不够，下单才是重点

主播得到观众和粉丝的认可，就能够得到粉丝的打赏，这当然是好事。可是，直播营销不同于其他的直播内容，只有打赏还不够，能够让观众下单才是重点。

然而，要让观众下单比让观众送礼物还要难。因为观众送礼物，只需要看直播时动动手指就行了，而让观众下单购买主播推荐的商品，则往往需要观众进入网站链接，去店铺购买，过程相对要麻烦一些。虽然只是多了一个环节，但也足以让观众的下单概率比送礼物的概率低很多了。

正因如此，要让观众下单，就得使用一些技巧，让他们有尽快下单的理由。

某店主在直播平台做直播，向观众推销她卖的服装。在开始直播之前，她已经在自己的直播间做了宣传，告诉观众，在直播时下单购买，可以享受买二赠一的优惠。而且，她特别声明，只有在直播时下单购买，才可以享受这种优惠，其他时间是不能享受此优惠的。

到了直播时间，早就有人等着看她直播了。直播开始之后，一会儿就已经聚集了一大批观众。店主在直播中一边介绍自己所卖的衣服，一边反复强调，

| 第九章 直播营销：让宣传和营销更方便、更有力度 |

只有在直播时下单，才能享受买二赠一的优惠。因此，在直播期间，观众们纷纷下单。

为了让观众在观看直播时能够下单，应该尽量给观众提供一些看得见的实惠。当观众发现只有赶紧下单，才能抓住这些优惠时，他们就会毫不犹豫地下单了。同时，为了吸引更多的人来观看直播，可以在直播时使用一些诱人的标题，比如在标题中加入"抢购""秒杀""优惠"等字眼。通常人们捕捉这类字眼是很迅速的，当标题中带有这类字眼时，观众的注意力一下子就会被吸引过来。

价格是一个非常重要的因素，价格越低的商品，对人们的吸引力越强。因此，为了让观众下单，可以降低商品的价格，采取薄利多销的方式来搞促销。在直播时告诉观众，这款商品大减价，低价促销，时间有限，让观众速来抢购。

淘宝某红人店主，在直播间卖她的商品，在标题上写到"降价大促销，机会错过不再有！"为了促销她店里的一款连衣裙，她给出了199元的惊爆价，而且还包邮。这个价格，比其他店里的同款商品价格要低很多。主播在直播时向大家表示，这次的促销利润很薄，基本不赚大家的钱，就是要增加店里的人气。不过，主播还表示，促销的时间很短，只有一个小时，过了这一个小时之后，这款连衣裙就会恢复原价。

为了让观众能够看到这款连衣裙穿在身上的效果，店主穿上了这款连衣裙，店主还在身后的白板上写明这款连衣裙的质地、特性等内容，让观看直播的人能够一目了然。此外，店主还不断向大家介绍这款连衣裙的好处，说明它的质量好在哪里。

这次的促销活动非常成功，在直播期间，观众下单的数量特别多。短短一小时的时间里，该店铺的这款连衣裙的销量猛增，该店铺的人气也是一路飙升。

　　例子中的红人店主利用降价促销的手段，让观众看到了切切实实的实惠，因此，观众的下单热情高涨。因此，为了让观众下单，主播总要想一些促使观众下单的办法，而降价促销绝对是最有效的办法之一。

　　让观众下单，并不是一件容易的事。但是，如果能够充分利用观众喜欢优惠的心理，多搞一些活动，让观众下单就不再是难事了。

　　不要觉得优惠力度大自己会吃亏，当下单的人数增多，你的人气增长了，会有更多的人慕名而来，到时候赚到的钱会更多。只要能够将人气转化为销售力，并激发观众的下单热情，就不用担心赚不到钱了。

第十章 直播运营：
让你的直播广为人知

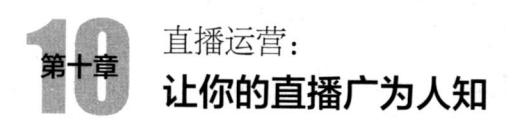

移动互联网时代是一个"酒香也怕巷子深"的时代，只做好直播还不够，还要学会运营，让你的直播广为人知。在直播宣传方面，有很多技巧可以学习。学会了这些技巧，你就不用为直播运营的事感到头疼了。

掌握六大技巧，让微博成为你的运营利器

微博是一个非常好的宣传地点。很多网红主播都会开通自己的微博，有了微博之后，一个比较火的段子或者视频，就能让自己的名气变得更大，让自己被更多的人看到。

在微博做运营，要掌握六大技巧，能让你的运营更轻松：

一、用有趣的话题吸引粉丝

主播可以在自己的微博上用一些有趣的话题来吸引粉丝，引起粉丝的讨论。当更多的粉丝参与进来之后，就会形成一个有热度的话题，并被更多的人看到。

不过，并不是每一个话题都能产生轰动效应。但是，努力才能有收获。热门话题不需要多，只要能有一个，就能让主播一下子进入大众视线，迅速火起来，因此，值得主播多做一些努力。

二、用热门话题和粉丝互动

主播可以自己想办法创造热门话题，也可以直接利用热门话题和粉丝进行互动。社会热点、经济热点、明星热点，这些都可以成为吸引粉丝的话题。主播可以对这些热门话题发表自己的看法，让粉丝参与讨论。

对于热门话题，每个人都有一定的了解，也都会有自己的观点。利用这些

话题和粉丝互动，能够有效拉近和粉丝之间的距离。

三、和粉丝分享有趣的段子

主播在直播时应该风趣幽默，在微博上也应该如此。主播在自己的微博上和粉丝分享一些有趣的段子，能够让粉丝在发笑的同时，感受到主播的风趣幽默。同时，主播更新动态，也能让粉丝感觉到亲切。

四、上传自己的图片或视频

有些女主播的颜值非常高，粉丝喜欢主播也喜欢看她的直播。那么，主播可以上传自己的图片或者视频。不需要太多的文字，只是美图或视频，已经足够让粉丝感到开心了。

五、分享自己的生活经历

粉丝喜欢一个主播，就愿意成为主播的朋友，也想知道主播的日常生活是怎样的。能够满足粉丝的这个愿望，主播就可以收获更多的铁杆粉丝。

主播可以告诉粉丝自己理想的生活状态是怎样的，自己向往拥有怎样的生活。主播还可以把自己的日常生活分享给大家，比如和朋友一起去什么地方玩了、参加了什么活动等。

当粉丝对主播的日常生活更了解了，也知道主播的各种活动行程时，他们就会把主播当成自己身边的朋友。

六、分享一些生活经验

主播应该和自己的粉丝交朋友，不只是和粉丝分享自己的生活经历，还应该和粉丝分享自己的生活经验。把自己生活中学到的技巧和方法分享给粉丝，粉丝会很感动，觉得主播很为他们着想。这样能够促进主播和粉丝之间的和谐，也能让粉丝更加团结，就像一个温暖的大家庭一样。

在分享生活经验之余，如果主播看到自己的粉丝有一些不当行为，也要指出来，并要求粉丝改正错误。主播对粉丝提出正当的要求，不但不会让粉丝反感，反而能让粉丝觉得主播是有正能量的，同时也能使这个粉丝集体变得更优秀。

微信公众号的能量不容小觑

微信从诞生那天起，就受到人们的青睐，成为人们的主流社交软件之一，并拥有庞大的用户群。微信的用户覆盖面非常广，各个行业、各个年龄段的人都在用微信。

正因为使用微信的人特别多，所以微信公众号的能量不容小觑。利用微信公众号来进行直播运营，如果做好了，效果超乎你的想象。

其实，很多做直播的人都知道要利用微信公众号来做运营，因为微信的使用者实在太多了，如果能运营好一个微信公众号，几乎可以接触到无限的粉丝资源。微信公众平台可以说是为吸引粉丝量身打造的一项功能，有了这个平台，一个公众号被大家认可之后，直播引流的效果是十分显著的。

使用微信公众号，主播可以用文字、图片、音频以及视频的方式来和大家互动。使用哪一种方式都可以，主要看主播自己的选择。其实，将几种方式搭配起来，效果会更好。有的人在微信公众号和大家互动时，不但有文字、图片，还有音频和视频。这样，喜欢看文字和图片的人，能够看到文字和图片，想听声音让眼睛休息的人，可以只听声音，而想看视频的人，也可以看视频。几种形式结合起来，人们的每一个需求都能得到满足，对主播细心周到的想法也会十分肯定。

第十章 直播运营：让你的直播广为人知

微信公众号和人们互动的方式多种多样，所以主播在向大家传递信息时，就会更方便，传递出的信息也会更真实。而且，用微信公众号来吸引粉丝，还有一个非常重要的好处，就是可以利用微信上的数据，来分析粉丝的构成特点。了解了这些之后，就能够根据粉丝的特点进行引导，不但能将粉丝引流到主播的直播间，还能让粉丝爱上主播。

主播用微信公众号来运营自己的直播间，同时直播平台和商家也可以用微信公众号来运营。

一位直播汽车销售的主播，在微信上开了一个微信公众号，每天都会在微信公众号上给大家推送一篇汽车知识。这篇小文，有文字版、音频版和视频版，还配有一些图片。用户只要关注了这位主播的微信公众号，每天都能看到一些有关汽车知识的内容，感觉非常好。

主播不但通过微信公众号的文章和大家互动，还会参与大家对文章的评论留言，和大家讨论一些问题。此外，主播还建立了微信群，和一些汽车爱好者讨论有关汽车的问题。

主播的微信公众号拥有很多粉丝，大家也都对主播所讲的汽车知识非常感兴趣，觉得从主播那里学到了很多知识。而且有不少人在买车时，也会问一问主播有什么好车可以推荐。主播就告诉他们自己在做直播，想买车的可以到他的直播间看看直播，有很多车型可以推荐。

这位主播用微信公众号来做运营，给自己的直播间带来了很多粉丝，让直播间的人气变得越来越旺，直播的效果也变得更好了。

用微信公众号和人们互动是非常灵活的一种方式，因为微信公众平台提供了各种互动的方式，简单又方便。例子中的主播充分利用微信公众号的优势，让自己的直播被更多的人知道，把微信公众号的人引流到直播间。

　　微信公众号不需要太多的成本，只要花一些时间去经营，一旦做好了，取得的效果是非常明显的。因此，这种运营方式，是每个人都可以尝试的。

寻求合作，1+1>2

娱乐通常需要靠合作来产生更好的效果，吸引更多的观众，达到1+1>2的效果。因此，那些我们经常在电视上看到的娱乐节目，基本都会请不同的名人、明星来做节目，以产生对不同观众的吸引力，让节目更火。

直播的道理也是如此。想要让直播更火，就不能总是单打独斗，可以找一些人来合作，让优势互相叠加，产生更大的优势。

品牌的直播让影视明星来站台，就是寻求合作的结果。明星通过直播，让自己更多地出现在观众视线中，对自己的知名度起到宣传作用。品牌产品通过明星的宣传，也有了更好的宣传效果，并提高了知名度。这样的合作，大家是双赢的。

明星做直播，和品牌或平台之间的关系是共赢的。但是，在请明星之前，也要仔细考虑，哪些明星适合自己的品牌。考虑内容包括以下三个方面：

第一，自己的品牌或者产品，是否和这个明星的气质相符合。找明星直播宣传品牌产品，与找明星代言的效果是类似的，所以要充分考虑到明星的气质问题。明星的气质和产品相符合，宣传效果就好；明星的气质和产品不搭，宣传效果就不会太好。换成直播平台也是如此，如果直播平台的气质和明星的气质相符合，宣传效果就好，否则宣传效果也不会太好。

第二，从明星的人气和代言费考虑，请他是否划算。有的明星代言费很高，但只是因为他在影视圈的地位比较高，人气并不是特别高。那么，这样的明星请来做直播，是不划算的。当明星的人气和他的代言费比较协调时，才能带来最大的效益。

第三，明星有没有不良行为记录。有些明星可能有过不良行为，这些不良行为会影响他的人气，也会影响直播的效果。在请明星做直播之前，要充分考虑到这一点。

请明星做直播，一般来说效果都会比较好，但为了保险起见，还是要事先就以上三个问题好好考察一下。考虑清楚这些因素，就能让直播效果不理想的概率降低。

商家或者直播平台请明星合作，可以提高直播的宣传效果，或者让自己的直播平台名气更大。那么普通主播在做直播时，也应该寻求合作。有不少新人主播，在刚开始做直播时没有名气，就去其他已经比较有名气的主播那里请主播在观众面前推荐一下自己。这样一来，新人主播的人气就慢慢变高了。

不仅新人主播要寻求合作，那些已经成名的网红主播，也会和别人合作，来增加自己的人气。

某游戏主播在自己的直播平台已经很有名气了，但是他还是经常和同直播平台的其他主播一起玩游戏。这样，主播自己的粉丝和其他主播的粉丝都会来看他们的直播，每个人的人气都能够增加。

该主播不仅和其他主播一起玩游戏，还在线下经常和其他主播聚会。几名主播聚在一起，在吃饭时直播一下，各路粉丝也都来捧场，使直播的人气非常高。

正是因为这个主播懂得寻求和其他人合作，所以他的人气一直居高不下。

从上述主播的例子可以看出，想要让自己的直播更火，就要学会和别人合作，将大家的力量聚集起来。已经成名的主播还要和别人合作，没成名的主播当然更应该寻求合作了。

直播不是单打独斗，懂得寻求合作，能获得更多的力量，在直播道路上才能走得更好更远。寻求合作，是商家、直播平台以及主播都应该学会的事。

不要忽略优质软文对观众的吸引作用

软文推广在营销当中一直是非常实用的推广方式。软文将文字的美充分展现在人们眼前,能够产生非常强的吸引作用。因此,在做直播运营时,一定不要忽略优质软文对观众的吸引作用。

有的人喜欢热闹的视频、好看的图片,而有的人则喜欢文字的美。欣赏文字美的人,一般都是欣赏能力比较强,同时也比较有文化的人。这些人可能不会被普通的推广手段所吸引,但软文却能够吸引他们。用软文来弥补其他方式对观众吸引的不足,能够赢得更多不同层次的观众。

用软文来吸引观众,是做直播运营的人应该掌握的技巧。有很多广告,就是用优质的软文来吸引观众的注意,并让观众产生深刻的印象。因此,完全无需去怀疑软文的作用,它能够引起更有思想和内涵者的共鸣。

一个双目失明的乞丐,身上挂了一块牌子在街边乞讨。路过的人很多,但是给乞丐钱的人却很少。这时,一位诗人从乞丐身边经过,他看了一眼乞丐身上挂的牌子,只见牌子上写着:"自幼失明,沿街乞讨。"诗人看了看乞丐手上的盒子,里面的钱少得可怜。诗人在乞丐的牌子上写了一句话:"春天来了,可是我却看不见。"这下,路过的人从乞丐身边路过时,纷纷驻足。他们看到乞丐牌子上的话，都被触动了，纷纷给乞丐施舍。

软文对人们的吸引效果，就像例子中诗人给乞丐写的那句话一样，是非常有效的。优质的软文，能够给人的内心带来触动，对人产生十分强大的吸引力。

利用软文来运营直播，可以从给直播取一个更好的名字开始。比如直播营销装饰品的，可以给自己的直播取名为"人生应该更精致"；直播营销礼品的，可以给自己的直播取名"为你挑选一份能够承载所有爱的礼物"；直播旅游的，可以将直播取名为"触碰大千世界，山水草木皆多情"。

用好的标题去吸引观众，这只是第一步。用软文来推广直播，应该写一些优质软文，然后到微博、微信以及热门网站去推广，让更多的人看到。

优质的软文主要有三个因素：

1.软文的立意要新颖或深刻。一篇软文能不能触动读者的心，它的立意是很重要的。一篇软文的立意如果新颖，能够让人眼前一亮，如果深刻，能够引人深思，如果既新颖又深刻，那么这篇软文就非常优秀了。

2.使用一些吸引人的关键词。一篇软文要吸引人，它所包含的关键词很重要。读者最先注意到的，就是文中的关键词，它们就像是闪光点，总是会被人一眼看到。

3.避免出现有争议的内容。有些内容比较有争议，文中表达的观点和读者的观点冲突时，容易引起读者的抵触心理，这样的内容应该避免出现。

懂得软文的写作注意事项，然后多看些优质的软文，慢慢就学会写软文了。将这些软文在主播个人的微博以及微信公众号发布，也可以由直播平台在平台的主页推广，或者到一些热门网站去推广。这样，就可以对直播起到非常好的宣传作用，能吸引来一批欣赏水平较高的观众。

吸引观众之后，要让吸引更长久

吸引观众不容易，如果能够学会吸引观众的技巧，其实也不算是特别难的事情。和吸引观众相比，如何让这种吸引更长久，让观众留下来，是最难的事。

人们对新鲜事物有好奇心，所以容易被吸引。观众刚看一个主播的直播时，因为新鲜所以觉得有趣，就关注了。如何让自己对观众的吸引更长久，这是每一个主播都应该思考的问题。

除了主播之外，直播平台也应该思考这个问题。当一个直播平台运营了很长时间之后，观众有可能会产生厌倦，转而去看其他直播平台的内容。

另外，做直播营销的商家，也需要考虑观众对自己的商品产生审美疲劳的问题，想办法对观众产生持续的吸引力。

要对观众产生更长久的吸引力，其实核心在于两点：一个是有自己的特色，一个是求新求变。有自己的特色，是能吸引住观众的根本原因，不断求新求变，带给观众更新鲜的体验，是吸引观众的外在原因，二者相辅相成、缺一不可。

有自己的特色其实不用过多赘述，因为如果没有特色，一开始就无法从众多直播内容中脱颖而出，也无法吸引到观众。要让吸引更长久，只要能够把自己的特色保持住，不要丢掉自己的特色就好。对很多主播、商家以及直播平台来说，如何求新求变，才是最需要考虑的问题。

对主播来说，求新求变可以多涉及一些其他的直播内容。比如打游戏的主播有闲暇时间可以唱唱歌，也可以做做户外直播，又或者给观众讲讲故事。而唱歌的主播，则可以在闲暇时打一打游戏，做些平时比较少做的内容。

对商家来说，可以出售一些比较新颖的商品，也可以搞一些想法比较独特的活动，让观众觉得新鲜好玩。

直播平台通常涉及很多的直播内容，本身在内容上可能不需要有太大的调整。直播平台主要是应该紧跟直播行业的动态和发展，当某种直播内容非常火爆时，一定要及时做这种直播内容。这样观众才会觉得这个直播平台是紧跟时代的，是源头活水般新鲜的和不断发展的。

长久吸引观众，不是一件容易的事，但只要重视起来，也不是不能做到的事。其实最重要的，还是要有这种意识。当一个人或者一个平台做出改变时，最难过的是自己那一关。因为每个人都希望自己能够舒服一点，因循之前的旧例，或者按照之前的做法去做，不想改变。但为了吸引观众，主播、商家或直播平台就要不断做出改变，带给观众更新鲜的感觉。这种矛盾不处理好，就会失去观众。

有了求新求变的心态，自己主动做出改变，才能够对观众产生更长久的吸引力，让直播间或者直播平台一直火下去。很多人意识不到这一点，不知道最大的问题其实是在于自己的心态。这也是为什么一些人在成名之前拥有很强的创造力，总是带给人新鲜的感觉，在成名之后，却突然失去了创造力。因为他不想继续改变了，自然也就没有创造力了。

因此，调整好心态，将自身的特色持续发扬，并不断主动改变，才能一直充满吸引力，并取得成功。

第十一章 会直播 更要会变现

直播能够吸引观众、积累粉丝，让主播红起来，商家火起来，品牌影响力大起来。但是，直播最终的价值体现，还是应该落在变现上。如果不能将直播的价值变现，它的价值就是虚的。因此，会直播更要会变现。

直播和电商的结合

这些年电商的崛起，虽然像秋风扫落叶一样将实体店打得七零八落，但却存在着一些先天缺陷，比如用户在购买之前对产品的了解不够、用户在购物过程中互动体验差等。可以说，与实体店铺可以和顾客沟通互动相比，电商就像是把商品往那一放，"直钩钓鱼，愿者上钩"。

直播的出现，让电商的这些问题有了解决的可能，只要直播和电商结合起来，就能让网上销售变得更加完美。

薇娅现在是火遍全网的带货主播。其实在做主播之前，她曾经和自己的男友董海峰一起开过服装批发店。当他们在西安的店铺扩展到7家时，电商兴起了。他们觉得这是一个非常好的机会，于是关掉了店铺，到广州开网店。在2015年的"双十一"期间，他们的网店一天就卖出了1000万的销售额。

虽然他们的网店销量很不错，但薇娅并不满足，她觉得直播和电商结合会更好。2016年，薇娅开始做淘宝直播，这将她的带货天赋完全释放了出来。直播直面观众的特点，让她的网上销售更加完美。仅4个月的时间，薇娅引导成交额便已高达1亿元。而后，她更是一发不可收，直播带货的业绩不断创下新高，直到后来稳居淘宝直播带货第一地位。

有人气的网红基本都在做电商，将直播和电商结合起来的好处已经广为人知。

有的网红主播本身就是模特，在直播中拥有了人气之后，转而在直播中推销自己代言的产品。与此同时，随着人气上涨，模特本身的身价也在上升，代言时获得的薪资也就更高。

近几年的"双十一""6·18"等各种电商促销活动，销量前10名的店铺中，网络红人的店铺一般都能占到一半以上。有的网红店铺，开张只有短短两个月，就已经达到了5钻水平，其火爆程度，简直不可思议。有些网红店铺在推出新产品时，交易额甚至能够达到千万元的级别，都快能和品牌官方店铺媲美了。从整体来看，淘宝的网红店铺数量，也在以极高的速度迅速增加。

网红做电商的好处非常多，主要表现为以下几点：

1.广告成本低

网红主播做电商，只要在直播时宣传一下就行了，根本无需找他人代言，也无需到别处去做广告。在直播平台，基本上做直播做视频都是免费的，可以说是零成本。

2.用户黏性大

网红主播的顾客大多是自己的粉丝，这些粉丝买东西就是奔着主播去的。所以，只要粉丝们还喜欢主播，就会继续购买，黏性非常大。

3.定位准确

网红主播的店铺主要是面对粉丝，产品定位十分明确，因此在选择产品时也就相当精准。就算是产品有什么问题，通过粉丝们的反馈，主播也能迅速做出调整。可以说，网红主播的店铺做好了，可以带给顾客最好的网上消费体验。

4.库存少

网红主播随时可以和粉丝们互动，粉丝们想要什么产品，有多少人想要，这些都是可以直接向粉丝们询问的。因此，就像现在的某些互联网企业先预购再销售一样，网红主播们可以按需下单。

从淘宝网的数据来看，网红店铺的消费者中，女性是大多数，所占比例高达71%。而在这些女性当中，18~29岁的年轻女性占女性用户的76%。这些用户的所在地一般是一线城市，主要是北京、上海、深圳等。网红们选择在淘宝开店，不单单是因为淘宝知名度高、规模大，还因为淘宝上的女性用户多。

不但网红主播们将直播和电商结合，电商平台也开始这样做。

淘宝自从推出"淘宝直播"以来，获得了巨大的流量。可见，仅仅是对网红店铺提供优惠已经不足以表示平台对这件事的重视程度了，平台自己开始搞直播，让更多还没来得及做电商的主播们加入这个行列。

淘宝直播的覆盖面非常广，基本将适合直播销售的产品都囊括在内，如美食、运动、美妆、母婴、潮流服饰等。网红们在直播中向用户展示这些产品，给用户一种亲自体验的感觉，让用户看到这些产品的好处，从而促使用户购买。

在淘宝直播，每一个店主都可以化身网红，给用户做直播。在直播中，店主可以将自己对产品的一些理解告诉用户，也可以把自己使用产品的心得分享给大家，还可以给大家科普一些有关产品的小知识。总之直播的方式比单纯做广告要灵活得多，用户体验也会好得多。

淘宝的这一举动，让网红店铺进入到更多人的视线中，不仅网红要来开店，本来不是网红的店主们也纷纷直播要当网红。

除了在平台上做直播之外，淘宝还牵线搭桥，努力让线上的网红店铺和线下的厂商联系起来，大家开展更紧密的合作，将网红经济和实体经济融为一体。

说了这么多，究竟为什么网红直播和电商结合之后效果特别好呢？原因就在于直播弥补了传统电商的一些缺陷，它使得网上销售更加人性化，让电商无限接近实体店，甚至超越实体店。

以前的品牌都是冷冰冰的，广告做得再好，也不过是厂商在荧幕上唱独角戏。在移动互联网时代，用户需要更加人性化的东西，人性化是吸引用户并留住用户的最好方式。网红的直播，是人与人之间的互动，不再是冷冰冰的，这样的销售方式，是深受用户喜爱的。

最早的产品，仅仅能满足用户的商品需求，到后来，产品升级到满足用户的品牌需求，而在物质生活高度发达、产品同质化严重的当今时代，产品必须满足用户的个性化需求，才有市场。直播和电商的结合，就是将个性化发挥到极致的一种方式，它比满足某个群体的个性化需求更深入，能满足每个人的个性化需求。

现在电商市场的消费主体是"80后""90后"，甚至"00后"也逐渐崭露头角，这些人都是在网络时代成长起来的，对个性化要求很高。因此，直播和电商相结合，能最大限度地促进他们的购买欲，更好地利用网红经济。

粉丝经济的引流

从直播方面来看,网红经济最主要的内容,实际上是对粉丝经济的引流。

只要一个网红主播有足够的粉丝数量,他就有了一定的资本。对这些粉丝进行正确引导,便可以获得巨大的经济效益。所以有这样的公式:

收益=粉丝数量×信任度

在网络不发达的时代,人们追星都是追那些歌星影星,但随着互联网的发展,再到现在的移动互联网时代,人们已经不是只将目光放在那些明星身上了。粉丝经济已经从相对单一的明星那里,转移到范围更广泛的网红身上。网红们和明星相比更加草根,和粉丝之间的距离更近。因为网红和粉丝们的互动很多,也更容易引导粉丝们的想法。所以,粉丝经济能够被更大程度地利用起来。

对粉丝经济引流不是直播的专利,在很多地方都有过应用,比如早在电视节目中,这种方式就已经崭露头角了。

当年电视台上的电视购物节目,效果比单纯做广告要好得多,就因为它和直播给观众的感觉类似,有一种比传统广告更强的互动感。

电视节目《舌尖上的中国》红极一时,结果无心之下带动了淘宝上某些食品的销量。这让很多人眼前一亮,继而脑洞大开,为什么不让电视节目和电商结合起来,将粉丝们引流到电商平台呢?于是,电视媒体和电子商务结合的全新模式T2O(TV to Online)华丽登场。

《舌尖上的中国2》还未开播,制片方就先和淘宝签订了一份协议,淘宝网化身《舌尖上的中国2》独家整合传播体验平台。

这次T2O的效果非常好,在节目刚刚播放了5天,就已经有将近600万人在淘宝上搜索相关食品,浏览量更是高达2000多万,下单数量为700多万件。

旅游真人秀节目《鲁豫的礼物》也和淘宝网签订协议,观众在观看节目时,可以通过扫描二维码的方式,对相关产品进行购买。通过这个方式,产品销量获得了巨大增长。

接下来,很多电视节目都开始对粉丝经济引流。《十二道锋味》《爸爸去哪儿》《超级代言人》等节目,纷纷使用T2O模式。

此外,电视剧《何以笙箫默》火爆荧屏时,东方卫视和天猫商城达成合作。观众在观看电视剧时,可以使用天猫客户端对电视台的台标进行扫描,进而购买剧中主角何以琛和赵默笙使用的同款产品。

《何以笙箫默》这个粉丝经济引流的效应是巨大的,链接刚刚建立,就产生了300万左右的用户流量,女装区更是不得了,用户流量是之前的10倍。

在对粉丝经济引流的问题上,电视节目已经做出了榜样,对网络直播来说,粉丝引流比在电视节目上更容易一点。做直播的网红们,拥有比电视节目更加忠实的粉丝,并且他们会长期和粉丝保持互动关系,不断影响粉丝们的想法和观念。拥有众多粉丝的网红,如果粉丝黏性再大一点,对于粉丝引流这件事,做起来会更轻松容易。

让自己的价值尽可能多地变现

主播如果能从一个默默无闻的小主播，变成一个知名度很高的网红主播，他本身的价值就提升了很多。他的粉丝会更多，他给直播平台带来的流量更大，他的商业价值也更高。总之，当一个主播变红以后，他的整体价值就得到很大的提升。这种价值就像品牌价值一样，是一种无形的价值，要让无形的价值变成真实的价值，将自身的价值充分挖掘出来。

主播有了名气之后，和明星差不多，主播的一举一动，都能够对粉丝产生不小的影响。主播可以在自己的直播间打一些广告，通过做广告来变现。

除了在自己的直播间做广告之外，主播还可以像明星一样，参与一些广告的拍摄，或者做一些品牌的代言人等。

主播还可以参加一些活动，上一些娱乐节目，就像明星参加活动和上娱乐节目一样。不过要注意的是，主播受到直播平台工作的约束，并不像明星那么自由。在参加活动之前，一定要事先和直播平台打好招呼，不要给自己招来麻烦。

其实，主播在成名之后，和明星是非常相似的。明星怎样将自己的价值变现，主播也可以用同样的方式去将自己的价值变现。而且，和明星相比，主播拥有自己的优势，那就是自己本来就是做直播的，还可以充分利用直播的便利，有更多的变现方式。

在变现时，主播应该注意，不能为了变现而损害自己的形象。主播的名气和价值，与自身的形象有千丝万缕的联系。一旦主播的形象崩坏，粉丝可能很快就会离主播而去。

从另一个角度看，主播做活动、做广告、参加节目，也能够增加自己的曝光率，吸引更多的粉丝。因此，变现不但能够让虚拟的价值变成真实的价值，其实对主播的发展也是有好处的。所以，一个积极努力的主播，应该努力通过多种方式将自己的价值变现。

利用粉丝经济创业

让主播火起来的是主播的粉丝，让主播有价值的，也是主播的粉丝。主播所取得的一切成绩，不仅是主播自己努力的结果，同时也是主播的粉丝支持的结果。粉丝经济一直都是特别有价值的，对于主播来说，粉丝经济的价值则更加明显。如果主播能够利用粉丝经济创业，就可以将粉丝的价值充分变现。

利用粉丝经济创业其实不是什么新鲜事。这些年，粉丝经济一直很火，而且被大多数人所熟知。

小米公司能够迅猛崛起，原因之一就是它的粉丝经济做得好，它就是用粉丝经济创业的典型。小米公司有一个口号："因为米粉，所以小米。"这就是它粉丝经济的真实写照。是小米的粉丝让小米公司迅猛发展，如果没有粉丝的支持，小米公司不可能成为一匹黑马，也不可能成为风口上的猪。现在，小米公司已经上市，而且情况越来越好。相信在未来，小米公司能够因为粉丝经济做得好，继续发展下去。

在粉丝经济如此强大的环境下，主播拥有众多粉丝之后，当然也可以用粉丝经济来创业。

第十一章 会直播更要会变现

某主播天生喜欢表演，平时自己经常看和表演有关的书，学到很多表演知识。在直播时，他经常模仿影视剧里的经典剧情，表演得十分逼真。因为他的表演非常好，所以吸引了一大批粉丝。

主播的这些粉丝当中，有不少也是喜爱表演的，只是没有实力创业。有一次，有粉丝提议他们可以组织起来创业，一起拍影视剧。一开始可以制作那种小成本的影视剧，等有了更多的钱，就可以尝试制作更好的影视剧了。

主播觉得这个提议不错，于是就和自己的粉丝一起创业。他们刚开始制作的影视，十分粗糙，只有一个大致的剧情，特效和表演都不行。但是，他们在一点点变好，每个人的演技都在进步。主播在直播时，也会和其他粉丝分享他们的拍摄经历。有的粉丝对他们的勇气很钦佩，虽然无法参与他们的拍摄，但愿意出资资助他们。

经过一段时间的努力，主播和粉丝团队制作影视的水平越来越好。虽然他们做的视频和专业的影视还不能比，但有众多粉丝的支持，他们很有信心，认为将来一定能在这方面干出一番事业。

粉丝经济是非常强大的经济，主播拥有众多粉丝后，如果有创业的打算，可以利用粉丝经济来创业。粉丝能够欣赏主播，说明粉丝和主播之间拥有共同的兴趣爱好。利用粉丝经济创业，等于一开始就已经聚集了一大批有共同爱好和追求的人，这是天然的优势。

在利用粉丝经济创业时，主播可以用自己的个人魅力，将粉丝团结在一起。没有什么比一群粉丝聚集在一起向着共同的目标奋斗，更让人感到热血沸腾了。只要拥有决心和勇气，就能克服创业中的困难，最终取得成功。

和粉丝关系越好，变现能力越强

粉丝是主播宝贵的财富，主播将自己的价值变现，最重要的就是把粉丝给自己带来的价值变现。主播和粉丝的关系越好，粉丝就越愿意支持主播，越愿意为主播买单。因此，主播和粉丝关系越好，变现能力也就越强。

主播想要和粉丝拥有更好的关系，让自己的变现能力更强，就应该积极和粉丝互动。主播不但要和粉丝互动，还要在互动时以真心真正打动粉丝的心，让粉丝和自己亲密无间。这样，主播对粉丝的影响力就会很大，变现能力也会变得更强。

主播要维护和粉丝的关系，可以从三个方面入手：

1.展现更真实的自己

真实的往往是最能打动人的，如果主播能够在直播时展现一个真实的自己，就可以赢得粉丝的信任和喜爱。展现真实的自己方法有很多，比如大多数女主播都会化妆打扮，让自己变得更美，也会使用美颜和滤镜等，为了展示更真实的自己，可以让粉丝看一看自己素颜的样子。还有，主播不用避讳自己出丑的时刻和遭遇尴尬的时刻。这些都可以让主播显得更加真实，让粉丝看到一个和自己一样的人，真正把主播当成一个朋友，而不是在网络另一端的陌生人。

2.真正为粉丝着想

主播应该时刻为粉丝着想,关心自己的粉丝,这样才能让粉丝真正爱上自己。主播大部分是靠粉丝的礼物来获得收入的,如果粉丝不送礼物,主播的收入就会非常少。可是,粉丝的礼物都是花钱买来的,有的粉丝可能自己也没有多少钱,却还要给主播送礼物。

真正为粉丝着想的主播,是不会要求粉丝送礼物的。为粉丝着想的主播会告诉粉丝,如果没有那样的经济实力,就不用送太多礼物了,只要支持自己就好。这样一来,粉丝感受到主播的关心,便会一直支持主播。经济条件不好的粉丝不送礼物,但也给主播带来了人气。

3.引起粉丝情感的共鸣

情感的共鸣,是拉近人与人之间关系的最好方式。主播想和粉丝更亲密,就要想办法和粉丝产生情感的共鸣。为此,主播应该融入粉丝主流的思维方式中,想粉丝所想,说粉丝想听,和粉丝打成一片。正是因为如此,主播和粉丝可以相互影响。

为了产生情感共鸣,主播还应该允许粉丝和自己开玩笑,也可以主动拿自己开涮。只要玩笑不是开得很过火,就无伤大雅,还能让彼此的关系更亲密。不过,需要注意的是,低俗的玩笑一定不能开,要把握好玩笑的度。

主播和粉丝搞好关系,粉丝对主播更喜爱,主播的变现能力也就因此变得更强。与此同时,主播能够和粉丝保持良好的关系,其实也就在无形中把直播做好了。这样一来,主播的粉丝也会越来越多。